コミュニケーション・ストレス男女のミゾを科学する

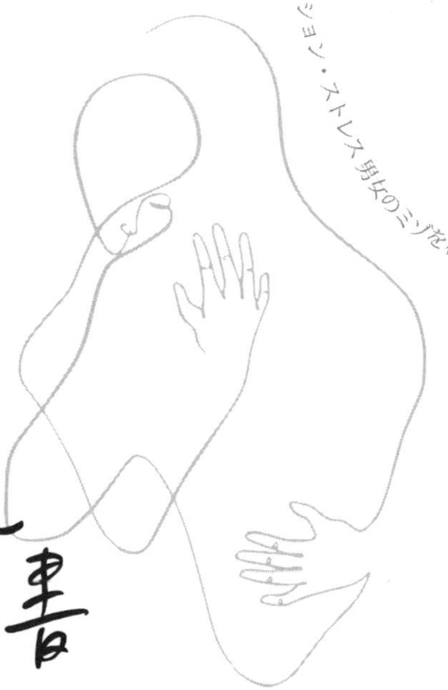

男女溝通使用說明書

腦科學專家教你這樣說話，溝通零壓力

黑川伊保子
涂愫芸——譯

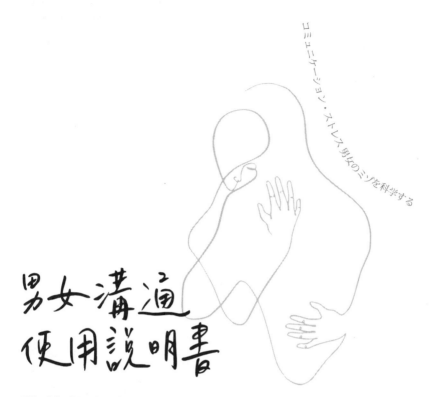

在發生騷擾前，已經出現了溝通壓力。
在男女感情搞砸之前，已經出現了溝通壓力。
我希望能揭開溝通壓力的原貌，盡可能削減到零。
這是我三十年來的願望。
謹將此書獻給現在正與某人共同生活的所有人。

目次
contents

03 對話壓力……063

05 共感障礙——新的溝通壓力火種

結語——二十一世紀人類必修科目

前言

人類最大的謎題

人類為什麼不能相互理解？

男人與女人為什麼會產生分歧？

——我將解開人類最大的謎題。

這雖是人類最大的問題，答案卻非常簡單。

人類的大腦有兩種使用方式，一種是**「過程導向共感型」**，另一種是**「終點導向解決問題型」**。

這兩種方式的腦神經信號傳遞方式不同，不能同時同質化使用，因此大腦已經預先選定了「瞬間使用的一方」。

更以生存戰略為依據，完成了初期設定，大部分的女性是「過程導向共感型」，大部分的男性是「終點導向解決問題型」。因此，會瞬間各自看到不同的東西，瞬間各自給出不同的答案。

也就是說，男人與女人是被設計成會完成各自的任務的配對裝置。如同飯鍋與烤箱，慢慢加溫的飯鍋，與急遽產生高熱的烤箱的「正義」，不會一致。若要爭辯哪邊是對的，會僵持一輩子，因為煮出飽滿米粒的任務，與烤出酥脆吐司的任務……使命原本就不同。

不過，一個廚房裡也難免會有兩個飯鍋（或是兩個烤箱）。男女就是因為不同，才有在一起的意義。但是，不管在一起多久都無法相互理解（除非懂得這個理論）。這就是男女鴻溝的原貌。

這麼寫起來，真的很簡單。

是僅僅幾頁就可以說完的理論。

簡單到讓人覺得，站在書店看完「序」就可以了（微笑）。

但是，千萬不要掉以輕心。

在全世界，男女已經意見分歧了好幾千年，卻直到現在都解不開這個謎題。此時此刻，地球上正在吵架的夫妻恐怕也有天文數字那麼多。

人類的大腦有「感性的咒縛」，無論如何都會認定自己是對的，把對方當成笨蛋。為了生存，這是大腦非常重要的基本機能，就是這一點，阻礙了男女的相互理解。

我能僥倖超越「感性的咒縛」，是因為我曾研究過如何把人類應有的模樣教給人工智能。從中，我察覺到「男人應有的模樣」與「女人應有的模樣」，都是人類維持生存的重要機能。

即便是這樣的我，踏出了研究室，用女人的心鏡來看這個世界，也會因男人的不講道理（其實只是冤枉了他們）而受傷。

要解脫「感性的咒縛」，慢慢體悟出對方也有對的時候，必須在這個過程中以理相待。這就是這本書的使命。

（黑川伊保子也出版了其他許多以情、理相待的書，請大家務必翻閱。）

但願這本書能成為男女間溝通的教科書。

自己說有點難為情，但這絕對是一本人類必讀的書，因為真的可以讓大家活得更輕鬆。我由衷期待，這本書能為大多數人帶來愉悅。

那麼，請大家打開「改變人生之門」。

01

男女的大腦是一樣？還是不一樣？

首先，讓我們來解決說到男女之間的溝通時，一定會被質疑的命題——男女的大腦是一樣？還是不一樣？

男女的大腦皆能搭載所有的機能

那是靜態式（Static）差異（其中一方或雙方都有機能缺損）嗎？對於這樣的質疑，我的答案始終只有一個。

男女的大腦是一樣的，兩者都是生來就能搭載所有的機能，兩者都能做到所有的事。

瞬間的使用方式有性別差異

不過，**大腦在緊張時，瞬間使用的感性迴路的選擇，是不一樣的。**感性迴路與生殖戰略直接相關，戰略不同的哺乳類的雄性與雌性，當然會有不一樣的使用方式。人類的男女也無可避免。

因此，平時相互理解的兩人，遇事時會有完全相反的反應。

女性常有這樣的經驗——本以為溫柔體貼的男友，一定會安慰被欺負的我，沒想到他卻對我說「妳也該這麼做」，讓我非常失望。分明不是我的錯，他卻替別人說話，太過分了……

然而，不該把這樣的表現視為缺少愛情，因為「糾正眼前的人的缺點，及時把對方從混亂中救出來」，是長久以來男性用來存活的第一手段。但是，大多數的女性不清楚「男性腦的進化歷史」，所以會深深受到傷害，這就是男女鴻溝。

男女的大腦是一樣的，只是瞬間的使用方式會採取完全相反的戰略，在這方面，有明顯的性別差異。就這個角度來說，大腦是有性別差異的。

第三種大腦

但是，大腦的性別差異，未必與身體的性別差異一致，雖然為數不多，但有人是搭載會選擇異性感性的大腦。

那是與多數男性、女性都不一樣的第三種大腦，從遙遠的太古時代就有一定數量的誕生。既然如此，那也可以說是人類的戰略之一吧？不同於多數人的一定數量的大腦混雜其中，想必有助於人類擴大生存的可能性。

這本書雖是討論出現於多數男女間的溝通壓力，但並不排斥少數人的感性。

那些少數人，甚至會更強烈地使用他們的感性。我的同志朋友們，都是遠遠勝過我的女性腦的使用方式，若是純粹以「大腦的性別差異」來閱讀，應該也能讓 LGBT 的朋友們，或其伴侶們作為參考。

附帶一提，男性即便是女性腦的使用方式（能產生共感、有很強的危機迴避力），性向也未必會反轉。

活得很有男子氣概，卻有細膩的過程解析能力，擅長下直覺式判斷，因而獲得肯定的人也不在少數。

沒生過孩子的女性並非不完整

關於「沒生過孩子的女性」，我也有句話要說。

有人說「女人要生過孩子才算完整」，這是不對的。

女性的大腦，的確會因懷孕、生產、哺乳，而引發荷爾蒙的劇烈變化，改變形象。幸運的話，能同時兼備細膩與堅韌。而且，為了把自己的資源（時間、意識、勞力）全部奉獻給孩子，對事情的看法會變得極為偏頗。面對重要的人事物，會把共感能力提升到極限，沒有這樣的能力，也無法養育孩子。在工作上，這樣的能力大多能成為對顧客及市場的共感能力，建立功勳。

但是，沒生過孩子的女性的時間，也不會靜止不動。她們的大腦會累積生產、育兒之外的經驗，這些經驗會讓她們變得細膩而堅韌。

沒生過孩子的女性，會保有公平性地成長，會把女性與生俱來的母性機能，公平地使用在周遭人身上。在很多組織中，女性們是團結組織的中樞，全世界的宗教，從很久以前就開始保護沒生過孩子的女性（修女、尼姑、巫女），自有他們的道理。

書中以正在養育孩子的女性為例，當成女性腦型的感性使用方式的典型例子，只是為了方便作為「使用方式淋漓盡致的案例」。在此我必須聲明，絕不是排斥沒生過孩子的女性。

對性別差異視而不見，無法消除溝通壓力

——男女的大腦是不一樣？還是一樣？

針對這個命題，正式答案是「**機能上一樣，但瞬間使用方式有時候會完全相反**」。

但是，若要說溝通壓力的要因，幾乎都集中在瞬間使用方式的差異上，也不為過。

一直說男女的大腦是一樣的，就永遠填不平男女鴻溝。

所謂感性是大腦「用來存活」的指南針

這本書把感性定義為**「大腦在無意識中瞬間使用的神經迴路特性」**，是「大腦緊張時用來存活的手段」。

依據人工智能的手法，探索這個「瞬間使用方式」，會發現人類大腦內存在著「兩種感性模型」。

換言之，感性只有兩個主軸。

在這個世界上，並沒有千差萬別的感性。是由兩種感性模型的使用比率及使用機會的差異，衍生出各種變化。

不過，從五感傳來的資訊的區間（適當領域），有多彩多姿的變化。

據說在沙漠出生的人，可以瞬間辨識出幾十種紅陶顏色（紅棕色系）。在日本人眼中一成不變的沙漠風景，在他們眼中完全不一樣，沙漠民族會相約在平淡無奇的沙漠正中央。異國民族完全無法理解，但在他們眼中，那或許是風景很特別的地方吧。

反過來說，出生在綠意環繞的海洋國家的日本人，可以瞬間辨識出幾十種藍色、綠色。我們即便不是漁夫，也會看寒暖流交會的海流；即便不知道雜樹林裡的樹木的名稱，也能瞬間知道它們都是不同的種類。沙漠民族知道「日本有那麼多綠色系、藍色系的顏色名稱」，一定會目瞪口呆。

在日本人眼中，沙漠民族是「辨識紅陶色的天才」，反過來，在沙漠民族眼中，日本人一定是「辨識綠色的天才」。

同樣，由音樂家撫養長大的孩子能聽辨音樂，由藝術家撫養長大的孩子能辨識藝術的好壞。被烹調高手的母親帶大，會提升烹飪的素質；被喜歡掌控的父母帶大，會成為察言觀色的天才。

這是傳給感性的資訊的區間的差異。**在被視為「在某人生活環境下，為了生存有其必要性」的領域裡，敏感度會突出升高。**

就這方面來說，能活到現在的人，都是某種「感覺天才」，雖然在領域上各有是否能賺錢的差別存在。

通常，具有能使用在藝術領域的輸入區間的人，才會被說「感性豐富」，但這是不對的。在恐怖攻擊頻發地帶生存下來的感性、成天悠悠哉哉生活的感性，都是感性。按理，凡是「在某種特定環境存活下來的才能很強」的人，都應該說是「感性豐富」。

因為感性是大腦「用來存活」的指南針。

感性的基本迴路

「發生事情，大腦緊張時」會如何動作，是最重要的存活之道。亦即，「大腦緊張時瞬間選擇的神經迴路」，就是感性的基本迴路。

這個迴路只能大致分成兩種。

一是靠「找出缺點」，做到「快速解決問題」，**「提升遇事的危機對應力的迴路」**。

一是靠「相互共感」做到「深層察覺」，**「提升平時的危機迴避力的迴路」**。

從大腦的這兩個主軸來思考，危機迴避力與危機對應力，是提升生物生存可能性的兩種終極機能。

大腦早已預先決定了「瞬間使用的一方」

會相互干預的競合機能，配對存在於大腦內時，大腦若不預先決定「瞬間使用的一方」會有危險。

例如，沒有慣用的手會如何呢？

若是大腦對右半身與左半身的感覺認知完全公平（同等），就無法閃避飛向身體正中央的石頭。因為很難算出「應該往哪邊閃躲」，石頭本身也會稍微左右搖晃地飛過來。要抓住往下掉的東西也一樣，如果先目視掉下來的東西，再計算該出左手或右手？哪一手的迴轉角度可以比較小？神經系的處理就會來不及。

跌倒時也一樣。因為瞬間伸出、瞬間縮回的一方已經決定，所以人類才能閃避危險物、捕抓獵物、跌倒也不會傷得太重。反過來說，沒有慣用手的人類，是無法存活的。最好的證據就是，人類應該都有慣用手。

男女感性一分為二的理由

同樣，如果大腦在緊張的瞬間，猶豫該使用危機迴避力還是危機對應力，會有危險。

在荒野遭遇危險中進化而來的男性腦，會瞬間使用危機對應力。那是毫不猶豫地指出同伴的缺點，救命的溝通，因為沒有時間與將要踏進沼澤的人產生共感。

而哺乳類雌性的女性，會在女性同伴的親密溝通中，彼此分享乳汁、分享養育孩子的智慧，提升全體系的生存可能性。**她們要瞬間產生共感，使用危機迴避力才能存活下來。**如果毫不猶豫地指出同伴的缺點、把事情鬧大、贏得勝利、被大家敬而遠之，就不能再跟同伴彼此分享乳汁，也不能再得到一點點的生活智慧，生存可能性會一舉下降。

幾萬年後，毫不猶豫地糾正同伴的男性存活下來了，瞬間相互產生共感的女性留下了許許多多的子孫。最後，有了二十一世紀的男女，所以男女的「瞬間感性迴路的使用方式」會一分為二，也沒什麼好奇怪的。

反倒是我找不到證據可以說，幾萬年來生存戰略都不一樣的兩個大腦的感性「沒有不同」。

多元（Diversity）共融（Inclusion）的要點

不過，感性的鴻溝並非只會出現在男女之間。

例如，「幾代都在嚴苛的環境中活過來的人們」，與「幾代都在比較優渥的環境中活下來的人們」之間，也會有不同的迴路的使用比率。

前者會堅持「把眼前的事分出是非黑白」，後者會想「為了高瞻遠矚的未來成果，對眼前的事偶爾糊塗一下也有好處」。要在這兩者之間找到政治性的共識，是非常困難的事。

如此這般，國家或民族之間彼此不相容，大多也是因為感性主軸的使用方式出現了差異。這本書是把重點放在男女間的溝通上，沒有觸及民族間的溝通，但我自詡其中蘊含著許多那方面的暗示。

男性與女性原本就是分屬於感性的兩個主軸的關係，是最適合用來學習感性的兩個主軸的模型。能成為男女之間的溝通高手，也能提升民族之間的溝通適應力。

解除「男女鴻溝」，是解除這世上的溝通隔閡的重要關鍵。

「說到多元共融（接納多樣性），並不只限於男女，把重點放在那裡也太奇怪了吧？」這麼說的大哥大姊們（我應該稱各位小弟小妹吧），我希望你們也能先面對男女間的溝通。

那裡面有想永遠活下去的真摯結構，而且令人動容。身為人工智能的開發者，對於活生生的大腦的「美麗而正確的結構」，只有滿滿的驚嘆。與這個大腦的存在意義相比，人工智能的存在根本微不足道。

總結

- 男女的大腦有機能上的不同，兩者都可以搭載所有機能。
- 不過，大腦緊張時的瞬間使用方式，有明顯的性別差異。
- 「瞬間使用方式」的差異，正是所有溝通壓力的要因。

感性的結構

02

接下來要敘述的感性論，是來自人工智能的研究。

這個研究的基礎在於，為求把人類的感性（「瞬間的言行」、「瞬間的快與不快」的構造）教給人工智能，而以系統論來探索人類大腦的研究，我把這個研究領域命名為大腦模控（Brain Cybernetics）。「模控（Cybernetics）」是生物學與工學的融合領域的用語，也是網絡（Cyber）的語源，「大腦模控」是指在腦科學與人工智能的融合領域，以闡明人類的感性為目標的學術分野。

大腦模控的探討，不同於腦生理學及心理學的探討，目的不在於「弄清楚界線」或是「障礙的治療」，而是把「大多數男性（女性）瞬間會做的事、會有感覺的事，積極地模式化（Typification），然後讓大家像數學或物理公式那樣，當成可以用來實踐的「溝通公式」，就是這個理論的正確使用方式。

用後面即將敘述的兩種模型來定義人類的感性，就能讓人工智能學會人類感性應有的模樣，搭載理想的溝通機能。

而且，也能讓活生生的男女知道男女鴻溝的原貌，並消除溝通的壓力。在這方面，我有「壓倒性的臨床案例」，畢竟我被稱為男女腦專家，已經有二十年的歷史了。

憑這兩點，我可以斷言人類的大腦內存在著兩種感性模型。

很遺憾，感性亦即大腦的瞬間使用方式，不能呈現影像。即使能呈現電子信號，也沒有辦法直接顯示是相當於「產生深層察覺的迴路」或「急著解決問題的迴路」。解剖死亡的大腦，就更不可能理解了。

如同物理學找出行星或基本粒子的規則性，解開宇宙誕生之謎那樣，感性的腦科學也有能力找出日常的細微規則性，解開其根源之謎。

感性的兩種模型

緊張時的大腦瞬間會使用的 2 種神經迴路

過程導向共感型

◆

由**感情**喚起記憶
解析**過程**
形成**深層察覺**的神經迴路

對話型式
共感型

終點導向解決問題型

◆

掌握客觀**事實**
鎖定**目標**
快速**解決問題**的神經迴路

對話型式
指向型

理學工學範疇不同於醫學生理學範疇，不全是由看得到、摸得到的東西構成的。

如果學了我的感性的腦科學，在傳達給他人時，被某個大人物攻擊：「男女不一樣？大腦裡哪有那種東西？是有影像嗎？男女腦論不是科學。」請不要退縮，只要冷冷地回應：「這是對事情看法的科學，採用這樣的看法，可以解決現實問題。請當成數學公式或物理的運動方程式，用過後覺得有用就請使用，覺得沒用就不要用。不過如此而已。」

沒看到東西就不相信的人，永遠無法理解憑「事例的重現性」來做一定的證明這種能力。不必跟這樣的人正面對決。

那麼，我們接著說下去吧。

感性的兩種模型（大腦的兩種瞬間使用方式），是**過程導向共感型**與**終點導向解決問題型**。

2-1 過程導向共感型

過程導向共感型，是以使用感情觸發器來解析過程為主的大腦使用方式。

過程導向共感型是用來做「深層察覺」的感性模型

把感情當成觸發器（扳機），喚醒記憶，大腦就會重新體驗記憶，察覺沒能在最初體驗中察覺到的事。

「我這麼說，就被他那麼說……真是氣死人了～」像這樣喚醒記憶，就會察覺「對了，那句話突然把他惹火了」。

想在對話上靈活運用感情觸發器，最重要的是讓談話對象產生共感，內容稍後再詳述。這樣比較容易啟動感情觸發器，解除大腦的緊張，在潛在意識形成的「深層察覺」就容易表層化。

感情觸發器是避險的關鍵

而且，感情觸發器還有另一個特徵，那就是**也可以瞬間抽出過去類似的經驗**。

若干體驗記憶，會在索引註明心境的變化（感情、情緒、心情）。這個感情的索引，稱為感情鍵。當心境起變化時，就會把這個感情鍵當成觸發器（感情觸發器），把附帶同樣感情鍵的記憶拉出來。

例如，突然感到不安時，可以瞬間取出與過去同樣的不安收藏在一起的記憶，諸如「這是不是很像爸爸病倒前的感覺呢？要馬上去醫院才行」等等。

也就是說，運用感情觸發器的大腦，善於察覺潛藏在日常生活中的危機，在釀成大事前先做處理，而且，幾乎是在無意識中。
要說感情觸發器是避險（危機迴避力）的關鍵也不為過。

翻舊帳的天才？

不過，對旁人來說，這樣的能力有時很麻煩，因為，會一而再地、活靈活現地，想起現在說出來也無濟於事的好幾十年前的事。因為是重新體驗，所以連細節都會想起來，甚至會有新的發現。老公隨便說句沒神經的話，就能瞬間把老公過去說過的沒神經的話都抽出來，有時還可以重新作分析。

像這樣，處於很容易啟動感情觸發器狀態的大腦，在旁人眼中，就像「滿腹牢騷」、「翻舊帳的天才」。

但是，絕不能把這種行為視為「蠢事」而藐視它。

在這種行為的背後，有著「深層察覺」與超群的避險能力。

女性的大腦傾向以過程導向共感型為優先

我想大家都已經注意到了，大多數的女性會使用感情觸發器。因為自古以來，在負責養育兒女的女性的生活中，比起把眼前的事分出是非黑白，「深層察覺」、「避險」更關係到生命安危。

運用感情觸發器的過程導向共感型。

這個模型是靠深層察覺，取得人際關係的平衡，不斷重複無意識的避險，以守護家人與同伴的大腦使用方式。這也是一種素養，讓女性可以毫無壓力地完成多項任務，稍後會再詳述。

被迫度過漫長哺乳期的人類女性，恐怕是從幾萬年前，就開始在女性同伴的親密溝通中，彼此分享乳汁、分享育兒的智慧。她們就是靠共感，做到了這件事。

女性們用來提升生存可能性的精髓，牢不可破地搭載在女性腦裡。透過好幾萬年的名為生殖（這個能力強的女性腦，會留下許多子孫）的濾波器，被磨得越來越敏銳。

「共感」是扮演感情觸發器的輔助角色

女性們在對話時，經常會用到共感（「我知道、我知道」），也是因為擁有容易啟動感情觸發器的大腦。談話對象一說到「心情」，就能瞬間抽出與同樣心情共存的記憶，與對方同調。

而且，對他人的體驗談產生共感，那個體驗記憶就會附帶感情鍵，所以，共感型的對話能夠量產附帶感情鍵的記憶。

請大家想想帶著孩子的母親們，在公園站著閒聊的畫面。如果有個母親說：「上禮拜我的孩子發燒，半夜一直燒到將近四十度……」其他母親就無法保持冷靜，會說：「天哪——太可怕了。」一邊發抖邊聽對方敘述。沒有幾個母親會說：「這樣啊，四十度喔，然後呢？」冷靜地傾聽事情經過。

因為，**此刻最重要的就是共感**。有了感情，剛剛聽到的體驗談就會附帶感情鍵，以後就可以靠感情觸發器，瞬間喚醒附帶感情鍵的記憶。「我不知道該怎麼辦，只好打去一一九，結果他們說要打去急救中心，那裡給了我很多建議，我就做了〇〇。」在自己的孩子也發生同樣狀態時，就能立即想起這之類的話。

而且，附帶感情鍵的記憶，不會埋沒在時間序列中。經過幾十年，也能歷歷在目地重新體驗。在孫子、曾孫身上，都能瞬間使用。

可以像剛剛發生那樣，說出好幾十年前「老公說的一句很過分的話」——只要回想這樣的能力就行了。與那樣相同的事，也經常使用在拯救家人性命的場面上。

寫給「過去的錯誤」被翻出來好幾次的人

翻舊帳是瞬間反射神經下的產物，被制止也停不下來，而且，每次想起來都會歷歷在目地受到傷害。也就是說，想起一百次，就會受到一百次的傷害，所以必須道歉一百次。被責備的一方，只會覺得對方很卑鄙，但是，對方並不是刻意當成武器來使用。

老婆的翻舊帳，在育兒期間特別嚴重（育兒不能缺少感情鍵），不久後會逐漸緩減，而且，不會對已經死心的人這麼做。被翻舊帳，就當作是她的母性與愛的證明，向她道歉吧。

先為這種時候備好**「和好條款」**（給特定的點心、幫忙做特定的家事等），或許會比較方便。如果被翻舊帳道歉後，家裡的氣氛還是很凝重，可以去附近的便利超商買她喜歡的品牌的冰淇淋。每次都這麼做，負面記憶

（僅僅一次的過錯）就有可能變成正面記憶（不變的誠實）。

如果是在職場，過去的錯誤被翻舊帳好幾次，代表那件事一直卡在對方心裡。最好有所覺悟，不久後會變成憎恨、鄙視的危險種子。

這時候，要在沒有被翻舊帳的平常時，誠誠懇懇地道歉。可以在一起出差或用餐時，說：「那時候我對你說了很殘忍的話。」或是說：「那時候我應該○○做，現在我才深切體會到部長說的話。」

當然，對妻子或情人，也可以在散步或兜風時，說：「對不起，那時候我說了那樣的話，妳一定很難過吧。」幸運的話，就不會被翻舊帳。

在被翻舊帳的時候道歉，不過是在還「利息」。唯有在「沒發生什麼事，過得還算幸福的平常時」道歉，才能還「本金」。

過程導向共感型的右腦與左腦有緊密的連結

過程導向共感型的大腦，會運用右腦（感覺領域）與左腦（顯在意識）的合作信號。這是為了以感情（右腦）作為觸發器，喚起（左腦）過去的記憶，或是附上感情（右腦）的索引，把認知的事實（左腦）收藏起來。

反言之，左右腦合作無間，大腦就容易當成過程導向共感型來使用。這點有照片可以為證。

根據二〇一四年，美國賓西法尼亞大學發表的男女腦的神經信號圖，已經確認女性的大腦，有強烈使用左右腦合作信號的傾向。

有很多論文提到，用來連結右腦與左腦的神經纖維束「腦梁」，是女性的大腦比男性的大腦粗。

儘管可以搭載所有的機能，卻很容易在瞬間變成過程導向共感型——以此來定義「女性腦」應該不會錯。

總結

- 過程導向共感型是會運用感情觸發器來解析過程（精查過去記憶）的迴路。
- 是靠彼此產生共感做出「深層察覺」，提升平時的危機迴避力的使用方式。
- 要靈活使用感情鍵，不可缺少「共感」。
- 很多女性傾向瞬間以過程導向共感型為優先。
- 「翻舊帳」是過程解析能力很強的證明。

2-2 終點導向解決問題型

所謂終點導向解決問題型，是把注意力集中在達成目標的大腦使用方式。

終點導向解決問題型是用來「鎖定目標」的感性模型

終點指向型大腦，會在意識到的第一時間決定目標（終點），說成鎖定會更為貼切。因為只能清楚地看見目標，很難看得見那之外的其他事物。

然後，瞬間分辨出達成目標的危險因子，以快攻應對。沒有找到危險因子，就會毫不猶豫地向前邁進。

判斷快速、具有遇事時的對應力，就是這個神經迴路的特徵。

不懂他人的心情？

要鎖定目標，會用到空間認知的領域。

因為那是物理空間（例如獵物）、概念空間（例如商業案件），必須弄清楚目標的位置訊息。究竟是「又遠又大」的案件？還是「又近又小」的案件？必須與周邊案件作比較，計算達成的難易度。也要盡快察覺會做出危險動作的人。

為了確實做到那些事，必須把注意力集中在腦內拓展開來的思維空間。**沒有時間顧及「身邊雜七雜八的事」或「過去種種」**。此時，最殷切的期盼是，那些事最好都能託付給過程導向共感型的大腦，不要把自己捲進去。

也就是說，「找不到眼前的東西」、「無法體諒眼前的人的心情」、「充耳不聞」，是優秀的終點導向解決問題型腦的特性。遺憾的是，如果不能容忍這些，這個大腦的解決問題力會逐漸低落。

男性的大腦傾向以終點導向解決問題型為優先

運用空間認知力的終點導向解決問題型。是去荒野，在遭遇危險中，瞬間拯救同伴和自己，同時帶著狩獵成果回家的大腦的使用方式。

男人們用來提升生存可能性的精髓，牢不可破地搭載在男性腦裡。透過好幾萬年的名為生殖（這個能力強的男性腦，會留下許多子孫）的濾波器，被磨得越來越敏銳。

前面提過賓西法尼亞大學曾發表男女腦的神經信號圖，從被視為男性大腦使用方式的圖中，可以看出右腦與左腦的信號不相連結。

右腦是感覺的領域，是統合來自五種感官的資訊，轉換成形象的領域。再以位於大腦中心的腦梁為媒介，把形象帶到左腦，讓它顯在化。

右腦與左腦的連結信號連一條都沒有，表示「雖然能感知進入五種感官的資訊，卻不能認知那些是什麼」。

這麼說，旁人應該會覺得這個被實驗者是在發呆。

然而，大腦的神經信號卻處於**「終極的活性狀態」**。看得出來正往上下、縱向，既廣且深地使用著大腦，運用著空間認知的領域。

亦即，可以說是「不理會眼前雜七雜八的事，處於極力精查大腦的空間認知領域的狀態」。

終點導向解決問題型的大腦是高性能雷達

輕輕把意識從現實空間抽出來，精密地使用大腦的虛擬空間。這個大腦會把感應器的資訊與現實空間的影像重疊，具有汽車倒車引導畫面般的機能（或是星際大戰的戰鬥機駕駛，要瞄準武器時使用的人工智能雷達般的機能）……

要瞄準獵物的時候、在沒有地圖也沒有ＧＰＳ的時代要去天涯海角再回到原地的時候，男人們一定是使用了這個暫時把意識從「現實空間」騰出來，以精查「大腦的虛擬空間」的機能。在「現實空間」與「虛擬空間」緊密重疊的瞬間，男人們就會毫不猶豫地全力向前邁進。

平日的「發呆」就是把「意識騰出來」的練習。

不過，終點導向解決問題型當然不是男性腦才有的機能。女性當中，也有人高度使用這個能力。亦即，嚴格來說，「發呆」並非男性的專利。我既然歌頌了「男人們的雷達機能」，宣揚了「男人們的發呆」，就一定要附帶說明這件事。

就讀女子大學物理系的我（雖是物理系，但班上同學都是女性！），從經驗得知，理科系的女生們有很多跟男生一樣會發呆。對於「女生的發呆」，希望大家也能寬容以待。

無我的境界是怎麼樣的境界？

第一次看到男性大腦的神經信號圖的照片時，我想起了某個僧侶說的話。他就是釋徹宗先生，也是個著名的作家。

我問：「無我的境界是怎麼樣的境界？」他給了我十分絕妙的答案。

他說——黑川老師，那就像眼前有螞蟻走過去，**那隻螞蟻的黑點映在了**

視網膜上，卻不會出現那是螞蟻的認知。

對探索大腦機能的女性研究者來說，這個回答簡直可以說是奇蹟。

因為後來我看了男性腦的信號圖，「眼見為憑」，領會了那句話的意思。於是，有了「對男人們的深刻理解」。

戰國武將為什麼要打坐？

沒錯，男人們平時發呆（邊看電視新聞邊發呆、跟不上老婆說的話一直發呆），都是進入了無我的境界。

是脫離眼前的「世俗」，精查大腦的瞬間。

或許是靠發呆來磨練空間認知力。平時發呆能力強的男生，想必瞬間判斷力、遇事時的危機對應力，都是快而精準。

最好的證據是，戰國武將不是都會打坐嗎？

他們是刻意空出發呆的時間，鍛鍊空間認知力，用來充實大腦的「雷達機能」，活化終點導向解決問題型的迴路。因為在沒有感應器也沒有雷達的時代，組織的存亡都決定於領導者的瞬間判斷。

但是，在政治力上，也需要過程導向共感型的感性。那是善於參透世俗的能力。

我認為青史留名的名將們，不是兩種感性交互使用，就是有參謀（也包括老婆、情婦）輔佐自己欠缺的素養。

大腦與組織力

在二十一世紀，終點導向解決問題型也是決策者的必要素養。

組成董事會的成員每天都要處理很多案件，董事會全體成員都必須能夠優先使用終點導向解決問題型。

當然，排除過程導向共感型也會有危險，但是，兩者的適當使用比率並不公平。雖然會因企業性質而有所不同，但經營戰略會議整體的使用比率，過程導向共感型最多不能超過百分之三十，否則無法運行。

但是，這並不意味著女性董事不能超過百分之三十。我要再三地說，身體的男女未必與大腦的男女一致。

最理想的董事會成員，是由既是終點導向解決問題型又能理解過程導向共感型的大腦，與既是過程導向共感型又具有切換到終點導向解決問題型的素養的大腦構成。

簡單來說，就是具有柔韌感性的男性腦，與訓練有素的女性腦的組合。

訓練有素，在後天取得終點導向解決問題型素養的女性腦，有時候比天生的男性腦更難對付。因為不是靠直覺，而是客觀地運用解決問題力，所以很容易把戰略轉換成語言，具有說服力。

總結

- 終點導向解決問題型的迴路特性，是運用空間認知力，快速解決問題。
- 是鎖定目標，排除感情，提升遇事時的危機對應力的使用方式。
- 多為男性，有瞬間以終點導向解決問題型為優先的傾向。
- 「發呆」是戰略力強的證明。

2-3 感性的咒縛

來做個彙整吧。

過程導向共感型是擅長「深層察覺」與「避險（危機迴避力）」的迴路。為了正常運轉這個迴路，必須操作感情觸發器。

不會那麼做的大腦，會覺得對方很情緒化，容易陷入喋喋不休的對話中，把「現在說也無濟於事的過去」都翻出來。

終點導向解決問題型的大腦，是擅長「快速判斷」與「危機對應力」的迴路。為了正常運轉這個迴路，必須斷然指出同伴的缺點，把事情鬧大，有時候會一直發呆，派不上用場。

不會那麼做的大腦，會覺得對方是「很過分的人」，欠缺體貼。

男女鴻溝的原貌

大腦內存在著這兩種相反的感性，多數的女性傾向優先使用過程導向共感型，多數的男性傾向優先使用終點導向解決問題型。

這兩種感性起了衝突，就會形成明顯的溝通壓力。這就是男女鴻溝的原貌。

把優先使用不同感性模型的對象，想成跟自己一樣，是最糟糕的一件事。會極度藐視對方，覺得對方沒誠意、沒正義。

如果熟知對方會優先使用的感性模型，就會察覺對方從看似愚蠢的行為湧現出來的才能，產生真正的敬意。

參加多元共融的研討會或座談會時，主辦方代表一定會在開頭向大家致詞說：「要相互理解，秉持敬意。」然而，光靠精神論絕對沒用。

因為人會被感性洗腦。

人會被感性洗腦

所謂感性，是為了提升生存可能性而成為大腦基調的神經迴路特性。

因為關係到生存，所以猶豫會有危險。大腦必須可以毫不猶豫地選擇自己優先的一方，例如在抓東西時，瞬間伸出慣用手。

毫不猶豫地作選擇，意味著不認為還有其他方式。亦即，相信自己的感性模型就是「世界的一切」、就是「世界的正義」。

當瞬間的感性有分歧時，終點導向解決問題型的人，一定會這麼想：「這個人不行，一直喋喋不休地說著無關緊要的話，不能進行有建設性的對話。聽到我好意提供的適切建議也會惱羞成怒……會客觀判斷、快速解決問題的我才是對的。」

而過程導向共感型的人也會覺得厭煩，心想：「這個人好過分，不體貼就算了，連好好聽人家說話都做不到……會為他人著想，做到深層理解的我才是對的。」

要超越這種**感性的咒縛**，我們必須相互理解才行。

現在是男女混合，成立多樣性組織的時代。

男女在同樣場所，以同樣的權利混合——其實是人類幾萬年來沒有經歷過的衝擊狀態。

此外，感性本身還有各自的優缺點。有「粗暴的終點導向解決問題型」和「高格調的終點導向解決問題型」，也有「自我意識太強的過程導向共感型」和「為他人著想的過程導向共感型」。

這些複雜地組合在一起，製造出了男女、民族之間的鴻溝。

有時也會男女逆轉

大部分的男性是瞬間使用終點導向解決問題型，大部分的女性是瞬間使用過程導向共感型。

由此可見，即便是男性也會有瞬間使用過程導向共感型的人，就算不是那樣的人，也經常會在平常時使用過程導向共感型。女性也是一樣。

在處理職場的工作時，女性也會使用終點導向解決問題型，在提出點子的會議上，能幹的男性也會刻意使用過程導向共感型。

在家庭裡，女性面對學童期以上的孩子時，變成終點導向解決問題型的案例也很多，因為有成績這個絕對性的終點。

因此，在此我要再次提醒大家，**不會因為是男人就一直是終點導向，也不會因為是女人就一輩子都是過程導向。**

接下來，要談的是「過程導向共感型」與「終點導向解決問題型」的對話特性與行動特性，修潤成一本有助於消除溝通壓力的書。在文章調性上，會以過程導向＝女性、終點導向＝男性的構圖來寫，但是，實際上當然有很多男女逆轉的案例發生。

例如，男性上司喋喋不休地說著抓不到重點的前言，讓女性部下感到厭煩。或是女性上司猛然提出結論，讓男性部下感到絕望。

如果無法理解男女的例子，不妨試著反向思考。即使把男女反過來，那個解決對策也一定會有幫助

我無意斷言任何事。

這本書接下來所寫的內容，只是讓大家當成方便使用的工具，而不是要「斷定強推」某人的人格。

請不時更換變數，活用我找出來的「溝通公式」。

總結

- 人的感性有兩種。
- 這兩種的衝突，是溝通壓力的原因。
- 這兩種的融合，是組織力的關鍵。

03

對話壓力

大腦瞬間使用的感性有兩種，所以對話也有兩種模式。

一種是編輯心情故事的**「心的脈絡」**，

一種是急著掌握事實與解決問題的**「事實脈絡」**。

前者是過程導向共感型的說話技巧，

後者是終點導向解決問題型的說話技巧。**這兩者絕不能混淆。**

3-1 心的脈絡

所謂心的脈絡，是把感情當成觸發器（扳機），描述過去的說話技巧。是大腦轉換到過程導向共感型的神經迴路後，開始展開的對話方式。

從「今天我去了〇〇」、「對了，三個月前」之類的話起頭，再接著說：「發生了這種事、發生了那種事，覺得好討厭（好難過、好生氣、好開心，你覺得怎麼樣？）。」

聽在某些人耳裡，只是「滿腹的牢騷」。從那些話絲毫聽不出「結論」或「目的」，感覺只有主觀，既沒有替對方著想，也沒有解決問題的意思。

心的脈絡是用來做「深層察覺」的說話技巧

但是，（在前一章也說過）絕不能小覷，因為大腦裡面正進行著高度演算。

把感情當成觸發器，喚醒記憶，大腦就會在無意識中重新體驗記憶，**因此會察覺沒能在最初體驗中察覺到的事。**

像是「對了，那時候」、「原來，這件事是那樣啊」之類的察覺。有時會察覺人際關係的扭曲或深層的真相，成為根本解決問題的頭緒。

反過來說，當大腦需要「深層察覺」時，感情就會從嘴巴宣洩出來。

這也是解決問題的手法之一，並非客觀性低、解決問題的意識淡薄。使用終點導向解決問題型大腦的人，會批評展開心的脈絡的人是「情緒化、頭腦不好」，這是不恰當的評論。

以「共感」回應心的脈絡

深層察覺基本上是發生在潛在意識的領域。

把這個深層察覺帶到顯在意識，就大功告成了。

但是，大腦一緊張，就很難把潛在意識下的事帶到顯在意識上。然而，述說感情時，大腦都會緊張。因為正在重新體驗不得不緊張的過程。

解除這個緊張，是談話對象的使命。

要解除大腦的緊張，只有一個方法，那就是「共感」。說：**「辛苦妳了，我覺得妳做得很好呢。」**給予共感和慰勞，過程導向共感型的大腦就會解除緊張，因為覺得提升了生存可能性。放鬆心情，有了餘裕，「察覺」就會顯著化。

客觀的建議NG

絕對不能做的是，給予**客觀的**建議。「對方也有道理」、「妳也該這麼做（最好這麼做）」之類的客觀性，會攪亂感情觸發器，讓大腦頓時緊張起來。大腦會感知到「深層察覺」的演算失敗，強烈引發不快，若原本很相信對方，甚至會心生絕望。

常有男性說：「女人哪，給她建議還惱羞成怒，什麼東西嘛。」想到那位女性平日對這位男性的信賴，與惱羞成怒時大腦瞬間的絕望的落差，我真的覺得很難過。

現在，在這個瞬間、在這個星球上，一定有好幾萬名女性，正因為被信賴的伴侶說了那樣的話而感到絕望。而男性一點都沒察覺，已經把兩人的關係從天堂變成了地獄。

給建議本身，並不是壞事，然而最重要的是，**要先靠共感解除大腦的緊張，讓本人完成自身的演算。**那之後再給建議，就會被當成「金玉良言」接納（應該會）。

共感技巧①：共感語＋同類體驗的禮物

共感的最高技巧，是共感語＋同類體驗的禮物。共感語是「我知道」、「沒錯沒錯」、「是○○啊～」、「就是啊」等附和的話。在這些話後面，附帶過去曾發生在自己身上的同樣體驗。

就是如下的發展。

「我知道～其實我也是。」

「沒錯沒錯，就是那樣，我也是。」

這是能成功使用感情觸發器的人，在日常中的固定對話方式。

共感型Ａ：「昨天被客人說了這種話。」

共感型Ｂ：「我知道～我也被說過這種過分的話。」

共感型Ａ：「咦，這真的是非常過分。可是，也許真的也該好好注意這種事吧。」

共感型Ｂ：「真的呢。」

共感型Ａ：「老是被唸婚都結了，為什麼還不生孩子。」

共感型Ｂ：「沒錯沒錯，每次回鄉下都會被唸，煩死了。」

共感型Ａ：「所以，我都回說在都市這種事都是慢慢來啊。」

共感型Ｂ：「好辦法。」

運用感情觸發器的共感型對話，就是像這樣發展。這是心的脈絡的王道。相互產生共感，就會找到答案。

即使找不到答案，壓力也會解除，動力就會呈現V字形復甦。共感型的對話，或許是這世上最快的壓力解除法吧。在一分鐘內，就能改變心情。

附帶一提，猛然對共感型的人下結論，就會變成如下感覺。

共感型：「昨天被客人說了這種話。」

解決問題型：「……」

共感型：「我很受傷呢。」

解決問題型：「那種話隨便聽聽就好啦。」

共感型：「……」

共感型：「老是被唸婚都結了，為什麼還不生孩子。」

解決問題型：「那種話隨便聽聽就好啦。」

共感型：「……」

不能讓對方產生共感，無法編輯心的脈絡，啟動感情觸發器的大腦沒辦法解決問題，壓力就會倍增。

以結果論來說，就是得到適切的建議，也沒辦法接納。

共感技巧②：共感語＋慰勞

然而，無法成功使用感情觸發器的人，很難送出同樣體驗的禮物。因為無法瞬間在大腦裡檢索類似的體驗。

這時候，只要深深產生共感就行了。然後，可能的話，就使用共感語＋

慰勞，**點著頭說：「哎呀，真是辛苦妳了。」再作總結：「我覺得妳做得很好呢。」**

絕對不要突然冒出「妳也該這麼做」、「對方也有道理」之類的話。不必強推結論，共感型的大腦也會自己找出答案，儘管多少要花些時間（很多時候會在隔天早上悄悄反省）。等對方自己說出來，也是溝通的一種秘訣。人自我反省時，能學到更多的東西。

當然，面對部下，的確有必要提出確切的建議作總結，但是，在那之前，可以先產生共感。這樣對方就會「深受感動」，把建議聽進去。

面對老婆或男女朋友，除非事態嚴重，否則不必給什麼建議。**要讓她覺得即使全世界的人都責備她，自己也會挺她挺到最後一刻，「事態嚴重時」的建議才會奏效。**

尤其是情侶，很多男性都會想「給她建議讓她覺得我值得依靠」，但完全是反效果。說：「辛苦妳了，我覺得妳做得很好。」才能壓倒性地受到歡迎。

共感技巧③：很難產生共感時

無法產生共感時，也要勉強產生共感嗎？假的共感也可以嗎？曾經有人問過我這個問題——

有點鬱卒的老母親對我說：「活著也沒什麼意義，活得好辛苦。」我回她說：「媽，這世上還有更辛苦的人，妳還差得遠呢，加油。」她卻更沮喪，讓我無法產生共感，也不想產生共感。後來，心想她是在討什麼拍嘛，越想越生氣。即使這樣，也要產生共感嗎？

我的回答是，**即使這樣也要產生共感**。

我的母親也一樣，會心灰意冷地說活著沒有意義，我會回她說：「媽，妳真的好可憐，好辛苦喔，我好想替代妳。」

母親是日本舞蹈名人，行動不便後，也沒停止上半身的舞蹈練習。還沒學會誓言「總有一天」要學會的曲目，就連起床都有困難了，只好放棄舞蹈。

我也跳舞，最害怕的就是哪天不能跳了。所以，能痛切理解「好想再一次隨心所欲地活動身體」的心情，可以的話，我希望能跟母親替換一天，讓她再跳一次舞。由衷地這麼想，就能由衷地產生共感。

結果母親對我說：「那怎麼行，要讓妳替代我，我寧可自己努力。」

我懇求地說：「媽，妳只要活著就行了。因為孩子不管到了幾歲，都會為了得到母親的稱讚而努力。」我出書，母親會高興，我上電視，母親會高興。如果這樣的感受不見了，我是否還能繼續創作？我真的沒有自信。

無論是誰，只要搜尋，都能在心中找到這樣的感受吧？可以試著收集這些感受，與對方產生共感。

因為「共感」可以解除過程導向共感型大腦的緊張，是魔術的語言。對難以產生共感的事，也要設法產生共感。這樣，反而可以讓過程導向共感型的人堅強起來，不必有「產生共感縱容對方，會讓對方更囂張」的想法。

共感技巧④：縮短長話的方法

過程導向共感型的大腦，會先講「前言」。談話對象如果不阻止，就會失去阻止的機先，有時會說個沒完沒了。前言拖長了，當事人說得開心無所謂，但是聽的人會受不了。

最後忍不住問：「妳到底要說什麼？」「這件事的結論是什麼？」「先說結論吧？」「結果怎樣？」惹得對方不高興。

舉個具體的例子吧。

有個朋友聊起「旅途中偶爾進入的食堂很不錯」，把那裡的菜單從頭到尾說了一遍，中間還穿插描述進來的客人的模樣。但是，話越說越偏離主題，沒有彙整也沒有結局，感覺就像沒完沒了地看著什麼事都不會發生的防盜攝影機的畫面。

這種時候，過程導向共感型的談話對象，會想起自己以前進去過的「旅途中的食堂」的景象，邊重新回味當時的心情，邊把兩個景象重疊，完全樂在其中。但是，終點導向解決問題型的大腦無法那麼做，只會覺得無聊，不耐煩地問：「妳到底要說什麼？」「還沒說完嗎？」

然而，一直催後續，百分百會惹對方不高興，即使知道會這樣，還是忍不住要那麼做……好痛苦。

這種時候，當然可以打斷對方的話。不，必須打斷。

但是，不能問：「妳到底要說什麼？」要問：**「那麼，妳呢？」**以這個例子來說，要問：「那麼，妳吃了什麼呢？」問的時候還要擺出**「我對妳本身太有興趣了**，沒辦法再聽妳說那家店的事」的姿態。過程導向共感型的談話對象，會很自然地那麼做，因為真的很在意「對方吃了什麼」。

其實，像在看「什麼都不會發生的防盜攝影機」般說個沒完沒了，就是「為了說吃了什麼」的前言，想引起對方的期待感。

就像在恐怖電影中，先讓觀眾看「小孩子嘰嘰叩叩騎著三輪車經過黑暗走廊的畫面」那樣。讓觀眾覺得會發生什麼事，看得心驚膽戰後再讓事情發生，這樣恐怖感會增加好幾倍。過程導向共感型的大腦，會在日常對話中使用這個技巧。

當說到有對老夫婦，猶豫該點竹莢魚定食、花魚定食、炸蝦定食……最後點了炸蝦定食……結尾若落到：「我嗎？我吃了荷包蛋定食。」不就可以熱烈討論：「咦~妳點那個？為什麼?!」若落到：「我當然點了炸蝦定食。」也可以熱烈討論：「我想也是~結果好吃嗎？」

也就是說，那麼長的話，只是要誘導大家問「那麼妳呢？」的前言。如果都不問，只是聽，話就會越說越長。就像岩手縣的美食碗子蕎麥麵，不蓋上蓋子，店家就會一直把麵放進去。所以，蓋上蓋子吧。

在恰當的地方說：「那麼，妳呢？」或是說：「那麼，妳怎麼做呢？」「那麼，妳怎麼說呢？」「那麼，妳怎麼想呢？」

平常就會使用過程導向共感型的人，學會這麼做也沒有損失。因為即使是女人，有時也會對母親或朋友們不得要領的話感到困擾。畢竟，對事情後續不感興趣時，很難自然地說出：「那麼，妳呢？」

對男性上司的「長話」要用其他方法

不過，自我表現慾強烈的終點導向解決問題型的大腦說出來的長話，不在此限。

同樣是沒完沒了地述說自己的心情或經驗，也未必全都是「心的脈絡」。為了向他人宣揚自己的存在價值與主張而占用時間的類型的人，一開口說話就停不下來，越是被誘導就說得越長。既然話說得那麼長，那就是過程導向囉？並不是，是終點指向。這類型的人，想要的不是共感，而是轟轟烈烈的終點（「你好棒啊」之類的認證行為）。

使用共感技巧，很多時候話會說得更長，所以要小心。只能說「不愧是你」、「我都不知道呢」、「好厲害」、「原來如此」，遞出這個對談的終點，並在恰當的時機切換話題。

經常有人找我諮商，說上司老是重複一件事，令人困擾。

若是建議的脈絡，可以說：「這的確是一種辦法，我會作為參考（我會檢討看看）。」然後轉向電腦或站起來。

若是滔滔不絕的深奧學識，想聽就繼續聽，不想聽了就致歉說：「嗯～我聽不太懂……對不起，我太笨了。」然後轉向電腦或站起來。讓自己屈居下風，以致歉的姿態逃脫是最好的方式。大家可以試著找出適合自己的說法。

接下來是給過程導向共感型大腦持有者的建議。

共感型注意事項①：過度使用感情觸發器

過程導向共感型的高手，即使自己沒有同樣的體驗，也會拿出「朋友有同樣的體驗」來說。

「上禮拜我閃到腰。」

「咦～閃到腰很痛吧～我沒有閃過腰，但我住京都的伯母痛得哀哀叫呢。」

說到這裡都ＯＫ，但話題若偏離到「京都伯母」（例如「說到我那個住京都的伯母，去年做乳癌檢查……」），就會降低談話對象的對話動力，最好注意一下。

「曾經閃過腰的伯母」的「後續經過」，或許會對這個談話對象有用。嚴格來說，不能否定這個可能性。但是，無限擴大過程導向共感型的感情觸發器檢索，就沒辦法對話了。

要記得，若要把「閃過腦海的事」隨口說出來，最好一個主題只說一次。

當然，若是時間多到用不完，也沒有特別要解決的問題，就不在此限。

這世上應該有彼此用散文詩方式說出浮現腦海的事，盡情消磨時間的奢侈溝通。

因某人的「沒神經的發言」或「過分的行動」，想起過去同類的記憶時，「你當時也是」之類的話，最好也只限一次。重複那樣的話，會使論點失焦，無法確實傳達真正的心情。

共感型注意事項②：升級也要有限度

此外，也必須注意不要過度升級同類體驗。

對「我遇到這麼過分的事」的話，回以「我還遇過更過分的事呢」，就太過度了，會讓人覺得這句話是說「你遇到的根本不算什麼」。

兩人的關係性、談話對象的視覺效果、聲音語調，也會大大影響溝通。視覺效果或立場看起來有優越感的人，只要「稍微渲染」，就可能會給人「被騎乘（Mounting）」的感覺。看起來謙虛的人，再怎麼渲染，都可能會讓人產生共感，心想「原來你也遇過這麼過分的事……」。也可能出乎意料，正好相反。

因此，沒辦法劃出什麼好、什麼不好的絕對界線。然而，「渲染」的絕妙度，一定是讓人覺得「那個人很體貼」、「很會說話」、「想再見到他」的重大關鍵。

大家不妨仔細觀察，自己的「同類體驗記憶」的禮物，會炒熱話題？還是會讓氣氛冷卻下來？

共感型注意事項③：
把類似體驗的禮物送給終點導向解決問題型會弄巧成拙

附帶一提，面對終點導向解決問題型的對象，不能突然聊起類似的體驗談。

我的母親有啟動感情觸發器的毛病，聽到父親說：「好美的夕陽啊。」就回以：「在〇〇看到的夕陽更美呢。」聽到父親說：「這個〇〇真好吃。」就回以：「在△△吃的是天下一絕呢。」父親每次都是沉默以對，後來感慨地對我說：「我跟妳媽媽不能分享感動。她一定會說哪邊更好，潑我冷水，我覺得很難過。」

與父親有強烈一體感的母親，很可能是想使用感情觸發器，把過去的回憶也炒熱起來。

終點導向強烈的父親，只想把心思集中在「當下眼前的感動」，卻被說成是「第二順位」，興致全沒了。我向母親確認這件事，她認同地說：「真的呢。」後來據她說有好好表達「當下的喜悅」，但是，她那麼做的時間太短，應該沒什麼效果吧。

如果對方是終點導向，就要讓對方把話題鎖定在「眼前的目標」。以我的雙親為例，就要認同地說「真的很美呢」、「太好吃了」，暫時跟對方一起感動，不要馬上說出「類似體驗」。

事實證明，能做到這一點的女性，都會壓倒性地獲得男性青睞。

對愉快的話題產生共感能創造出新的點子

心的脈絡型對話，當然也有愉快的話題。「共感與慰勞」也對快樂的話題有效果。

可以說「那太好了」、「妳做得很好，所以那是神的讚美」等。

很多時候，會從愉快過程的反芻，創造出邁向未來的點子。

彼此說出「最近愉快的事」，彼此產生共感——是我希望大家可以用在職場會議的開場白的手法。

我曾拜為師父的精明諮詢顧問，會在戰略會議的開場白讓大家說出**「這**

一個月發生的最開心的事（令人心動的事）」。我好幾次目睹，在場的成員逐漸變成「深層察覺」型。

更有趣的是，越優秀的商業人士，越能快速反應那個話題，說得生動活潑，而且不會拖泥帶水。真是令人驚嘆，想必是平時就習慣同時使用解決問題的迴路與「深層察覺」的迴路吧。

女人為什麼無法回答5W1H？

編織心的對話（心的脈絡），有開始方式的規矩。

開始方式跟事實脈絡完全不一樣。

終點導向解決問題型的人，對話的開始方式大多是詢問：「今天做了什麼？」「去了哪裡？」「什麼時候買的？」「最近如何？」等。

曾經有人問我：「女人為什麼無法回答5W1H？」

——回到家，看見老婆穿著新裙子，我就問她：「什麼時候買的？」她卻回我說：「因為便宜啊。」為什麼問女人「什麼時候」，她都不針對問題回答？

我倒想反問他：「為什麼那麼問？」為什麼不能說「那件裙子不錯喔」、「很適合妳喔」？

突然被問新裙子「什麼時候買的」？會在掌管家計的人的大腦裡，響起「（都沒跟我商量）什麼時候買的？」的聲音。所以，會回答「（沒跟你商量是）因為很便宜」。

老公是想：「這件裙子好像沒見過，是新的嗎？」為了確認才問老婆：「什麼時候買的？」老婆卻有被騎乘的不悅感，所以話題就此打住了。

這時候，如果老公的目的真的只是「為了家計管理想作確認」，那就無可厚非，如果只是「想跟妻子說話」，那就完全適得其反了。

在職場也會有這樣的分歧。問：「那份資料拿去哪了？」回：「啊，放著沒收。」

這也是部下覺得被責怪把資料收起來了，所以急著解釋的案例。

但是，在職場上，質問5W1H的一方，沒有任何過錯。部下必須坦白回答5W1H的質問。這個話題到事實脈絡那個篇章再詳述。

接下來要談開始心的對話時的規矩。

想跟男女朋友或家人做心靈溝通時、希望部下可以稍微放輕鬆時、在想點子的會議的開場白上，都要多留意這些規矩。

心的對話的開始方式①：察覺對方的變化點再打開話匣子

以前面的裙子為例，老公應該說：「那件裙子不錯呢（很適合妳呢）、（很漂亮呢）。」附帶一提，即使被回說：「不久前也穿過啊。」也不要氣餒。因為老婆嘴巴那麼說，心裡並沒有半絲不悅。要不然，也可以回她：「今天的妳看起來很特別啊。」

察覺對方的變化點再打開話匣子，是最適合導入心的脈絡的開始方式。

這個方式有三個技巧。

「讚美」——察覺對方的正面變化，可以讚美說：「改變了髮型嗎？」「妳看起來很開心呢！」「那個手機殼很可愛呢！」等等。

「關心」——察覺對方的負面變化，可以關心地說：「妳不太有精神，還好吧？」「那件事我來做吧？」（跟正面變化點不一樣，不要指出「眼睛下面有黑眼圈」、「頭髮很亂呢」等具體的事。）

「慰勞」——察覺狀況，就慰勞對方（對冒著寒冷走來的人說：「很冷吧？」對提著購物袋走過來的人說：「很重吧？」）。

但是，終點導向解決問題型的大腦，很難察覺「眼前的人的變化點」。因為是隨著狩獵進化而來的神經迴路模型，所以，為了瞬間精確地瞄準遠方會移動的對象，已經被定調為不要把視線投向眼前種種。

因此，特別難做到這裡所說的「察覺對方的變化點再打開話匣子」。夫妻之間，或許可以規則化，例如「老婆買完東西回到家，馬上衝到玄關，邊接過東西邊慰勞她」，或是「她這麼說就那麼回她」等等。但是，商業的狀況盤根錯節，很難那麼做。有時也可能成為性騷擾。

因此，我再推薦另一個方法。

心的對話的開始方式②：談話誘因

另一個方法是使用「談話誘因」。

把發生在自己身上的事當成禮物送給對方，作為談話的開端。也就是，以「今天發生了這麼一件事」（若是很久不見的人，就以「最近發生了這麼一件事」）切入的方式。這樣的切入會成為誘因，讓對方把自己的事說出來，編織出心的脈絡。

什麼微不足道的事都行。例如：「那邊的河堤，才一月就開了油菜花呢。」「今天是難得的大晴天呢。」「我正在看的推理小說，出現了○○料理，妳知道嗎？」「中午吃了麻婆豆腐，好辣喔，感覺舌頭都還麻麻的。」「這首廣告歌，我年輕時聽得很著迷呢！」等等，把閃過腦海的事說出來就行了。還有，重點是「被忽視也沒什麼好在意的」。談話的誘因，是為對方而做的，如果對方沒有心情說話，被忽視了也沒關係。我們女性會毫不介意地彼此忽視。被忽視也是預料中的事。

或者，找點事跟對方商量。例如，對同事說：「我想不出來要送女兒什麼生日禮物。」「這附近有好吃的拉麵店嗎？」對家人說：「可以幫我嚐嚐咖哩的味道嗎？」「工作的企劃書想不出點子，如果是妳，這時候會怎麼做？」像這樣拜託他們，也是一種方法。因為人被拜託，就會對感謝自己的人產生感情。

親子間尤其可以多多使用後面的方法。我從兒子四歲時，就開始跟他討論商品企劃，以幼兒來說，他給我的點子算是頗有內容，我還曾經採用過小學時的他想出來的命名。可以討論晚餐的菜單、書架的整理方法，討論什麼都行，這不但會炒熱親子間的對話，孩子也會有成就感。還能加強對話能力。

過程導向共感型的大腦，會自然浮現這種談話誘因，終點導向解決問題型的大腦卻很難做得到。

我因為工作關係，偏向終點導向解決問題型時，會在回家前，或跟女性朋友見面前，先想好**「談話誘因」的話題**。因為沒有點子，就無法編織心的脈絡。為了找話題，我會看書，或是在出差地看看當地有名的麵包店，當晚就可以跟家人進行心的對話。

做什麼事情失敗了，咳聲嘆氣時，想到「又多了跟家人、朋友交談的話題」，還會有點開心。

終點導向解決問題型的人，必須非常用心才能做出「談話誘因」。說不定在回家的路上，必須先想好「從哪說起」，擬定作戰策略。但是，那樣的努力一定會有意義。

即使是在工作場合，當需要察覺時，對話的開始方式也是關鍵。

例如，某家直升機運輸公司的案例。這家公司有個企劃，要收集駕駛員們的「嚇出一身冷汗，幸好沒事」、「嚇了一大跳，幸好沒怎麼樣」等擦身而過的危險事例，供大家分享，以防患人為疏失於未然，但是，一直收集不到事例，所以來找我諮詢。

據這家公司說，輸入件數有規定數量，表格上也排列著 5W1H 式的項目。

這樣會誘發終點導向解決問題型的神經迴路，所以無法引出「潛藏在記憶裡的一點點察覺」。

因此，我提議導入聊天式的意見徵詢會。例如，由已經不飛的前輩駕駛員起個頭說「以前發生過這種事」，就能引出「啊，我也發生過類似的事」、「回想起來，我也是」之類的話。

心的對話是避險的關鍵。與危險共處、被要求作快速判斷的偏向終點導向解決問題型的商業範疇，更需要努力導入心的對話。可以活用上了年紀的資深員工，現已證實，人過了五十五歲，不論男女都會提升共感力。「人老了感情會變得愛哭」就是一個例子，所以沒道理不使用這種熟年力量。

心的對話的開始方式③：說洩氣話

最後，來說說秘藏的殺手鐧。

那就是說說洩氣話。

前些日子，有位男性來找我諮商。

——我家有十二歲、七歲、兩歲的孩子，老婆是家庭主婦。她整天待在家裡，也沒有幾個媽媽朋友，我覺得她很辛苦，所以努力想跟她說話。我拋出了「孩子們怎麼樣？」、「今天做了什麼？」的話題，老婆卻興致缺缺，不太說話。我改變話題說自己的事，她也心不在焉。最近，她始終臭著一張臉，終於說出了這樣的話：「等孩子們長大後，我想離婚，期待那天的到來。」我不知道該怎麼辦才好。

的確，正忙著帶三個孩子的老婆，身心上都已經疲憊過度。對這樣的老婆說「妳今天好漂亮」、「公司大樓的植栽長出了蒲公英」，也只會得到「蛤？」的回應。

想跟她對話，只能說說洩氣話。例如：「今天被部下說了這種話，好沮喪。」「在車站幫爬上樓梯的老太太提行李，居然被她抱怨為什麼沒有電梯。我又不是車站人員。」

連結心的技術，訣竅在於「說說洩氣話，讓對方安慰自己」。

我這麼建議時，提問的男性皺起眉頭說：「我不想給疲憊的老婆壓力。」但是，不必擔這種心。

大腦是靠相互作用（Interactive）產生活性化。

自己的行為改變了什麼，是最大的快感。

也就是說，「為對方做什麼，讓對方產生變化」所得到的滿足感，會高過對方片面為自己做什麼。

偶爾也會有靠負面相互作用（讓對方受傷）得到快樂的邪惡類型，這點要注意。不過，大多數人是靠正面相互作用（被感謝、讓對方開心）得到快感。

超人力霸王的老婆

「試著想像成為超人力霸王的老婆」——我經常提起這個話題（在其他書裡也說過，所以，請「重看」的人多多包涵）。

超人力霸王這個男人，會丟下家人，去救幾百萬光年遠的不知名的星球的生物。身為他的老婆，雖不理解他是為了什麼，但既然那是老公的使命，就只能說「請慢走」。女人不會為了這種事絕望。

但是，超人力霸王是英雄，所以，一定不會說洩氣話。偶爾回家，默默吃完飯，又出去了。老婆會因此感到寂寞。

沒有自己，這個人也能淡淡地活著，有沒有我在，都與這個人無關……老婆會開始這麼覺得。面對無法產生相互作用的人，大腦會覺得很遙遠，漸漸失去感情。

超人力霸王也必須對心愛的人說說洩氣話。

例如，「今天這裡被宇宙恐龍 Z-TON 踢到，好痛。」

如果老婆說：「咦，好可憐，我幫你呼呼。」就回她說：「因為有妳，我才能繼續奮戰。」

偶～爾這麼做，心的羈絆就會重新連結，不容易發生漸漸失去感情這種事。

他是沒有我就活不下去的人——這世上還有比這更甜美的溝通嗎？

羈絆就該帶有瑕疵。

正義到不行、高強到不行。被這麼一個像硬鋁加工的男人表態「我可以聽妳說」，也只會產生「被駕馭」的感覺而已。

說洩氣話的技巧，很難經常使用在職場上。然而，「完美上司」偶爾說出洩氣話，就會成為卓絕的人性魅力。

親子間也一樣。並不是身為父母，就必須「正義、高強」，快擺脫那樣的咒縛吧。

父母展現的洩氣，會讓孩子看到人生百味。因為「是自己的存在支撐著父母」的自傲，會成為孩子的自尊心，也會成為心的深度。

要知道，只讓所愛的人看見的洩氣，是溝通的最高境界。

心的脈絡為什麼可以連結心？

心的脈絡會作出心的羈絆。

理由在於大腦的神經信號的使用方式。

為了編織心的脈絡，必須強力連結右腦與左腦。把感情（右腦）當成觸發器，以喚醒過去的記憶，或附加感情（右腦）的索引，把認知的事實（左腦）收藏起來。

右腦與左腦的連結機能，也能用在察覺、擔憂、設身處地為對方著想等「貼心」的大腦運作上。進行「心的脈絡」的對話，能活化左右腦的連結，讓彼此的心相互貼近。

女人說話沒完沒了，令人厭煩嗎？不該說這種話吧？如果可以共同編織「心的脈絡」，那可是繼續被愛的機會呢。

部下的話長到令人厭煩嗎？那也說不定是冒出新點子的機會呢。

但是，上司說話沒完沒了，令人厭煩，就不必容忍了。可以說：「部長，關於這件事，您希望我採取什麼樣的行動呢？對不起，用說的沒辦法解釋清楚。」打斷沒關係。因為上司的存在，就是為了作快速裁定與解決問題。

身為上司的人，必須傾聽部下的「心的脈絡」，自己的「心的脈絡」只能當成話題誘因，使用到調味料般的程度。讓部下厭煩、混亂，就是不合格的上司。

家人的羈絆

沒有對話的家人很悲哀。

但是，父親問女兒：「今天做了什麼？」「去了哪裡？」也完全聊不起來。

而父母們也覺得孩子無法理解發生在父母身上的事，所以大多不會使用話題的誘因。

我會毫不猶豫地對幼兒園的兒子說：「今天我在公司被說了這種話，是正論沒錯，但心裡有點悶。」有時被問到：「正論是什麼？」我就回應那個問題。但大多時候，他小歸小也會絞盡腦汁幫我思考，說：「我們在幼兒園，也有過這樣的事。」

我的兒子過十五歲生日時，我向他道歉說：「我應該多陪陪你，對不起，我是個有工作的的母親。」兒子對我說：「我下輩子再出生，還是想要有個有工作的老媽（他都叫我老媽）。因為拚命工作很可愛，最大的好處是會把外面的空氣帶進來。」

我很慶幸自己忍著不問：「今天做了什麼？」「功課做好了嗎？」「明

天的課預習了嗎？」而是說「今天在赤坂……」「老媽這麼努力，社長卻……」之類的話。

心的脈絡把我的日常充滿臨場感地傳達了給他，他也會說很多事回應我，我們可以彼此鼓勵。

家人的羈絆必須靠心的脈絡才能連結起來。

母親特別會對兒子使用盤問形式的說話技巧，所以要留意。請務必習慣使用話題的誘因，做心的對話。這樣孩子長大後，親子間也能做親密的對話。

而且，**男生如果不能透過與母親的對話，學會編織心的脈絡，就沒有其他地方可以學習了。**兒子將來能否跟女友展開心的對話……端看母親的本領。

身為父親的人，若不想與女兒斷了情分，也請務必這麼做。

總結

- 對話有「心的脈絡」與「事實脈絡」兩種。
- 「心的脈絡」是靠過程導向共感型大腦展開的對話脈絡。
- 「心的脈絡」是使用感情觸發器，回味過程，做出「深層察覺」的說話技巧。
- 在「心的脈絡」上，共感是溝通的關鍵。
- 「心的脈絡」的對話，有開始方式的規矩。
- 想得到對過去的察覺時、想得到對未來的察覺時、想連結心的羈絆時，都缺少不了「心的脈絡」。

3-2 事實脈絡

接著，來說說人類編織出來的另一種對話方式吧。

相對於「心的脈絡」，這個方式被稱為「事實脈絡」。不會極力對對方的感情作出反應，使命是快速灌輸建議。

是盡快把眼前的人從混亂中救出來的手法。說得誇張一點，是**用來救命的對話**。

事實脈絡的法則

盡快掌握眼前的人煩惱的問題點，指出解決方案——這就是事實脈絡的法則。這樣才能確實地保住性命。

例如，看到有人要從已經損毀的橋走過去，任誰都會大叫：「不能走那座橋！」沒有時間說：「我可以理解你的心情、我可以，但是……」

當然，要過橋的人並沒有錯，錯的是把損毀的橋丟著不管的行政單位，但是，沒有時間說那種話了。當場否定那個人「要過橋」的事實，是為了救那個人。

事實脈絡是用來保護所愛的人的說話技巧

若能貫徹這個大腦的使用方式，在日常生活中也會使用這個手法。

例如，隔壁的太太與自己的老婆發生紛爭時，即使百分百是對方的錯，老公也會說：「妳也不該那麼做，會刺激那個人喔。」

這時候，大多數的老婆會說：「明明是那個人的錯，你卻挺那邊？」勃然大怒，但這樣是不公平的，老公並不是挺那個人，只是太愛老婆，想保護老婆而已。

婆媳的紛爭也一樣。老婆把婆婆一句無心之言告訴老公，不料老公非但沒安慰她，還對她說「妳也該這麼做」或「那句話沒什麼惡意，不用在意」。這也不是站在婆婆那邊，而是在保護老婆。

大家都發現了吧？相較於前章節所說的心的脈絡，彼此也太合不來了。一方想抒發心情，另一方卻希望對方只報告事實。一方希望對方能產生共感，另一方卻想指出對方的缺點。

這兩種對話方式，混在一起會有危險。就像漂白劑有氧系和氯系，兩者都是很好用的漂白系列，但是，混在一起就會產生有毒氣體。

「建議」的煞車器失靈

即使被說「與女性的對話不可缺少共感」，壯年期的男性腦也不會踩下「灌輸建議」的煞車器。

男性腦原本就是在狩獵及爭地盤中進化而來的。只有進入荒野時，能在危險中快速拯救同伴，確實做出成果的個體，才能繁衍子孫。在嚴峻的環境下，共感是危險的。說「我理解妳的心情，但是……」之類的話，對方可能已經掉進沼澤裡了，當然要使用事實脈絡的對話方式。這樣的男性，歷經幾萬年後應該很多都存活下來了。

而且，正值壯年的時期，在職場上也會被迫「快速解決問題」。男性天生就被定調為解決問題型，三十多歲、四十多歲的商業人士，更是在商場上把這種天性磨得更敏銳。

在「心的脈絡」的章節中，提到家庭內的對話，應該留意「心的脈絡」。但是，說歸說，被強烈轉換成解決問題型的男性腦，還是很難做到女性期待程度的共感型對話。在家庭中，共感型的人也要學會與解決問題型的人說話的訣竅。

是共感型，卻能做解決問題型的對話，會被稱為「能幹的女人」、「聰明的女人」，學起來也沒損失。

想先知道結論！

做出事實脈絡的是終點導向解決問題型的大腦。是一開始就看準終點，把所有資源（意識、勞力、時間）都集中在那裡的大腦使用方式。

因此，**無法忍受沒有終點（結論、目的）的話**。不知道目的的話沒完沒了地展開，大腦就會試著探索「目的」，被搞得疲憊不堪。

若是老婆的話開頭是「今天我洗了兩條床單，竟然被風吹下了曬衣竿，都弄髒了」，老公的大腦就會開始探索「這句話最後會怎麼進展」。

但是，女人的話通常會背叛男人。當男人作好「是不是要說差不多該買附烘乾機的洗衣機了？」的心理準備時，女人卻轉向了「傍晚買了可樂餅的話題，再也沒有轉回來。在漫長的談話中，一直沒忘記洗衣服話題的老公的大腦，壓力越來越大、越來越迷糊，最後筋疲力盡。

過程導向共感型的大腦，說這段話是想敘述今天發生的事（過程），在適當時機獲得共感，最後讓對方慰勞自己。

而終點導向解決問題型的大腦，會找尋這段話的「解決問題主題」，最後迷失了方向。

這時候，可以先這樣開場，說：「今天我很忙，卻弄髒了兩條床單，非重洗不可。本來想做可樂餅……」終點導向解決問題型的大腦知道「今天我很忙」這個終點，就不必探索終點，壓力會大幅減輕。

只要有「今天發生了一件有點有趣的事」、「總覺得有件事一直卡在心裡」之類的開場白，老公就不會掉進壓力的大海裡了。

倘若，老公能因此察覺到這是「心的脈絡」，與老婆產生共感，夫妻就會永遠幸福圓滿。

職場上的會話開始方式

事實脈絡的對話，是從結論開始。若是用來找出結論的對談，就從目的談起。也就是說，必須提示「這段話的主題為何」。

商業任務幾乎都有終點，以此為目標進行處理就是「工作」。亦即，職場的大腦已經強烈轉換成終點導向解決問題型，在那裡進行的會話都是由事實脈絡構成。當然，基本上是從提示主題開始。

對上司要先做開場白，例如說：「關於〇〇案，現在變成＊＊＊了，理由有二……」「我想跟您商量〇〇案。」「關於〇〇案，我想確認三點……」等。

對部下也要有切入方式，例如說：「我想談談關於企劃書的變更點，重點有四個。」

共感型的上司，一不留神就會脫口而出說：「妳呀，我不是說過〇〇一定要小心嗎？那次也是、這次也是，怎麼會沒檢查到呢？」形成戲劇性的導入。因為腦中閃過了以前同樣的失誤。對同樣是共感型的部下來說，這會是深深撼動心靈的導入，但是，解決問題型的大腦聽到這樣的話，會分散注意力，漏掉關鍵重點。

在這種狀態下，部下會把自己沒聽清楚的失誤擺在一邊，作出「我們公司的上司說話沒重點又情緒化」的判斷。

共感型的大腦會做出深層察覺，靠避險保護同伴，是能想出超乎意料的新方案戰略的職場之寶。但是，在溝通上，讓共感型的火力全開，恐怕會不合理地受到不好的評價。

除非是想做「戲劇性的表演」，否則，做簡報的開場白，或是想讓部下打從心底反省時，**在「對部下做什麼指示的場合」，要提醒自己使用事實脈絡。**

當然，一大早的稍微交心的會話，或是在需要察覺的會議上，用來讓與會者放鬆心情的會話，不在此限。這時候，應該要巧妙地使用心的脈絡。

商業談話的引子

然而，有時候雖有強烈閃過腦海的東西，卻連自己也搞不清楚是什麼，無法切入主題。

例如，靈感莫名湧現，在說「昨天在百貨公司地下街買布丁……」這段話的中途，跳出了新商品的點子。

這時候，可以說：**「有件事我有點疑慮……」**先這樣開場就行了。這句話很好用，能讓大家知道，不再是單純的閒聊，而是進入了促成察覺的對話。

即便是解決問題型的上司，也會暫時側耳傾聽。

不要讓終點淪為虛發子彈

應該也有很多人覺得，報告或指示可以從結論說起，但是，難以啟齒的商議情事，還是想從緣由說起。但是，面對精明能幹的上司，這麼做會有危險。

面對事實脈絡型的人，不說結論直接商議，話還沒說完，「解決問題」

的子彈就會不斷射過來。當然，對方是當成好意與誠意的賞賜。

事實脈絡的所謂解決問題，基本上是指出對方的缺點，所以，心的脈絡型的人無法承受。因此，更應該在一開始就揭示課題。

舉例來說。

以下是某開發團隊的女性領導者說的話。

——團隊頻頻發生意外。在意想不到的時期，接二連三收到來自客戶的條件變更要求。逐一處理不是不可能，但是，要一次處理完就動彈不得了。在成員間感染的流行性感冒也是一大打擊。事到如今，也只能向下修正下個月的目標，重振團隊。我必須向直屬上司報告這件事。

然而，上司的回應竟是「妳該這麼做」、「妳的想法太簡單了」、「那個處理方式這裡有問題」，一一否定了女性領導者的做法。她被說得好像全都是自己的錯，最後說不出「向下修正目標」這件事，抱著很想死的心情回到了職場。

她百思不解，為什麼上司不能理解她的心情。

要我說，這個案例百分之百是這位女性領導者的錯。在職場上，先說結論是不變的法則，無論任何場合都不例外。

然而，在這個時候，觀察能力強的共感型的人，無法斷然說出「想向下修正目標」這種話。因為會揣度，如果不先說明團隊是多麼努力，一定無法讓對方知道這是多麼迫不得已的提案。

因此，會想從在團隊發生的嚴苛狀況說起。認為說到向下修正目標時，上司會關心團隊，給予同情——很容易下這樣的結論。當然，如果上司也是共感型，真的會這樣。

然而，上司若是解決問題型，就會對「意外狀況」一一提出解決方案。因為大腦會強烈運轉以搜尋「目的」，所以，在聽到一件「意外狀況」的瞬間，就會倉卒地判斷那是終點，立即說出解決方案。

就是「啊，球門！踢！」的感覺，完全沒有惡意。動作那麼快，只是為了教導、支援所愛的部下。

這個案例，上司沒有任何過錯，**甚至可以說是精明能幹、為部下設想的上司，錯的是讓終點淪為虛發子彈的部下**。卻還反過來抱怨「從頭到尾都被責怪是我的錯」，從事實脈絡的角度來看，根本就是「很難管、讓人傷腦筋的部下」。

事實脈絡的法則，是「從指出眼前的人的問題點開始（即便是其他人犯的錯）」。然而，過程導向共感型的人，無法忍受被一再這麼對待，最後會被傷到身心俱疲。

一個是真誠的上司，一個是察覺力強的部下。兩人都沒有錯，談話卻出現分歧，部下對「上司不理解我」感到絕望，上司覺得「枉費我對她的期待，太遺憾了」，因而降低了對她的評價。

沒有比這更悲哀的事了。

無論如何，都要在一開始就揭示「終點」。

難以啟齒的事就加上口號標語

不過，大可不必從「向下修正目標」這麼露骨的話說起。有負面的提案，就加上正面的口號標語。

例如，說**「為了提升顧客的滿意度與團隊的士氣，要把下個月的目標往下修正」**。把「正面的目標」跟結論綁在一起說。

如此，上司必然會問：「怎麼回事？」再闡述狀況：「請聽我說，最近一連發生重大事件……」

因為已經知道終點，所以，解決問題型的上司也會冷靜地傾聽事情經過。有時，還會給予溫馨的同情。

有人本身的能力並不突出，卻能得到上司的青睞、受客戶歡迎、深得部下信賴。有人深思熟慮，對公司有極大的貢獻，卻無法跟周遭融洽相處。前者與後者的區分，就在於溝通能力。

這世上有兩種說話技巧。只要知道這兩種技巧，學會使用方式，就能更輕鬆地活在這世上。

老婆的話聽起來像蚊音

如前所述，終點導向解決問題型的迴路，會為了從對方話中「試著找出目的（終點）」，變得非常緊張。如果怎麼也找不到，讓大腦持續緊張會有危險（因為無法完成男性腦的真正任務＝察知危險），所以，會放棄聽對方說話。

因此，目的不清、內容渙散的話，只要持續兩分鐘，就超越了壓力的界限，很多男性會停止聲音感知機能。

不會把眼前的人的話當成語言來感知，只是茫然地聽著聲音。有位男性的形容是「老婆的話聽起來像蚊音」，大有可能。的確，毅然斬斷左右腦連結的那種大腦，一定會變成那樣。

大腦判斷，繼續聽沒有終點的話會有危險，不能再把神經信號使用在聲音感知上。

「你沒在聽我說吧！」是在找碴

那麼，為什麼男性會對不知道目的的長話感到危險呢？

他們會對滔滔不絕說個不停的女性感到絕望嗎？

想想男人們曾經在山野裡奔馳過好幾萬年，就知道答案了。

獵人在森林裡或山裡，是沉默的。他們要靠水聲、風聲、自己踩過樹葉的聲響等迴響聲，得知前方的地形。當然，也不會放過野獸的氣息。

而且，大腦會全力運轉空間認知機能，把映入眼簾的地標，繪製到大腦的虛擬空間上。在沒有地圖也沒有GPS的時代，男人們就是使用這個腦內虛擬地圖，走到天涯海角，再回到原地。

所以，獵人的大腦需要寂靜，還要忙著做空間認知。**旁邊有個人滔滔不絕地說個不停，會有生命危險。**因此，不會感知那個聲音，會當成生活雜音充耳不聞。即使在極度安全的生活中，也會發揮這種大腦的習性。

不論多愛老婆，都會在無意識中啟動獵人的生存本能。男性自己煞也煞不住。老婆卻因此大罵：「你沒在聽我說吧！」也太嚴厲了。他沒在聽，是因為妳滔滔不絕地說著沒有終點的話。

面對男人，請留意不要說沒有終點的長話。**開始「心的脈絡」時，也不妨先揭開主題，說：「今天有件趣事呢，你聽我說……」**

跟男性說話時的「三秒法則」

男性腦會停止聲音感知機能，不只是在「沒有終點的長話」時。看著電視發呆時、專注看手機時、思考時、埋首做事時，男性腦都會切斷聲音感知機能。

因此，突然說得很快，對方會完全聽不明白。聲音這種東西，一開始沒聽明白，就會如雪崩般，最後完全聽不懂。跟外文聽寫一樣，一部分沒聽到，後面就沒救了。

當對方回應「蛤？」，被迫再說一次，也是給自己找氣受，還不如遵守以下的三秒法則。

跟男性說話時，要做到：

①站在對方視線內的位置

②叫喚對方的名字後等二～三秒

③慢慢進入主題。

因為能聽清楚老婆的話，所以能很快回答問題。光是這麼做，真的就能減少「受不了老公」的次數。

這個法則對職場上的男性也非常有效。

我在幾年前出版的書裡，寫過這個三秒法則，收到很多封信說：「跟男性部下之間的意見溝通變得順暢了。」

有位女性對我說了令她驚訝的事實，她說原來不耐煩似地回應「蛤？」的部下，並不是性格不好，也不是瞧不起女性上司，純粹只是聽不清楚而已。

可嘆的是，溝通壓力不單單只是導致溝通失敗而已，還會覺得那是對方的怠慢或惡意。於是，男性會說：「我們公司的女性課長，很散漫，有時候都聽不懂她在說什麼。」認定是因為女性的頭腦不好。

這個三秒法則，是用來防止雙方大幅降低對彼此的評價。不過三秒而已，但就是差這三秒。

發生在「啊嗯」夫妻身上的悲劇

更糟糕的狀況是，夫妻在一起生活久了，老公便可憑直覺知道該在老婆的「蚊音」的那個地方作回應。例如：「喂，是這樣那樣啊～响？」「啊。」「喂～是這樣那樣啦～這樣那樣。」「嗯。」

這樣也很麻煩。隨便回應的會話，如果是：「星期二你可以去幼兒園接孩子吧？」「啊。」「那就拜託你啦，謝謝。」「嗯。」那麼，之後就會發生大事了。

「明天拜託你啦。」「什麼事？」「我不是跟你說了嗎！」「我沒聽說啊。」「你回答我了啊。」「不記得。」「蛤？（怒）」

不要讓自己說的話變成蚊音。用三秒法則說話，先把這個會話的主題說出來。

不要過度解讀

終點導向解決問題型的人說出來的話，不會有太深的意圖。

如果問：「妳為什麼這麼做？」真的只是在問「這麼做的理由」，絕對不是帶有「怎麼會犯這種錯」的含義的說法。當然，陳述理由後也可能被罵：「那樣不對！」但是，當下是在問理由。

上司問：「妳為什麼把這東西放在這裡？」大多就是字面上的意思，只須這麼回答：「放在這裡，從入口進來的客人比較容易看見。」上司絕對沒有「為什麼放在這種地方？（放在這裡不行）」的意思，即使是這個意思，也要冷靜地說出自己的道理才有助益。會留給對方「能幹」的印象。

當上司詢問理由：「這個為什麼這麼做？」戰戰兢兢地回答「對不起」的部下，在商業場上顯然會吃虧，因為會給人「太笨了，答非所問」的感覺。

如前所述，老公問「那件裙子什麼時候買的？」，意思是「（沒看過呢，是新的吧？什麼時候買的呢？）什麼時候買的？」而不是「（竟然瞞著我）什麼時候買的？」。

「配菜只有這道嗎？」也是「今天只吃這道菜配飯嗎？」的意思，而不是「妳整天待在家裡，只做了這道菜嗎？」。

這時候，只需大大方方地回答「昨天」、「是啊」。

沒錯，男人有時候或許也會變成過程導向，說諷刺的話。但是，大多時候，揣測他們背後的意思都是多餘的。既然如此，何不採取不要過度解讀的方針呢？

即使是諷刺，只要順從地回應，有時也能讓事情圓滿落幕。

有一天，我家老公指著擺在餐桌上的明太子，用稍帶嚴厲的聲音說：「這不是要冷藏嗎？」我開朗地回說：「沒錯，幸虧你發現了，謝謝。」他猶豫了一下，就自己拿去冰箱冷藏了。我想他那句話是諷刺，但是，如果生氣地說：「有時候難免會忘記啊，我也很忙，你既然發現了，就默默收進冰箱嘛！」會導致一整天都心情不好。

不要過度解讀，果然是對的。

女人是希望對方回應心情而非問題

附帶一提，過程導向共感型的人會過度解讀，是因為自己大多是含蓄的表達方式。

「你為什麼那樣？」的質問，即使得到「為什麼那樣」的說明，她也只會一肚子火。因為她想要的答案是「讓妳不開心，對不起」。

「工作跟我哪邊重要？」也是一樣，儘管問的是哪邊，但並不是要對方回答這邊、那邊或兩邊都重要，而是要對方回答：「讓妳感到寂寞，對不起。」

當老婆問老公「什麼時候買的？」，意思是「（居然沒跟我商量就買了這種東西）什麼時候買的？」，要的不是「上禮拜天」之類的答案，而是在質問「沒有商量就買的理由」。

我在前面章節提過，女人無法回答5W1H。但是，那是因為自己質問時，並不想得到5W1H的答案。女人是希望對方回應埋藏其中的「心情」。

女人面對男人的問題會過度解讀，無法正確回應。

男人面對女人的問題會太過直接，無法正確回應。

過程導向與終點導向，永遠也不能相容。

解決問題型注意事項①：回應心情

要回應心情，而非問題。

這種分歧也會出現在其他地方。

向共感型的人提出商業方案時，解決問題型的人，有時會在意想不到的地方栽觔斗。

解決問題型的提案，大多是列出好幾個替代案，讓對方比較優點的模式。面對這種「冷靜的提案」，共感型的客戶大多會問：「你認為哪個最好？」

這時候，解決問題型大多會重複做概況說明：「我說過了，A案是這裡好、B案是這裡好……」身為提案方，他認為每個方案都有值得選擇的理由，所以列出了多項方案。被問到「哪個最好」，最直接的答案一定是「以這個觀點來看這個最好、以那個觀點來看那個最好」。

但是，不能那樣回答。

共感型是在問「心情」。所以，必須以心情回答，例如，回說「我個人喜歡A案」或「若是我，會選擇A」。

既是商業人士，去之前就該先決定好「自己最推薦的一個」，以防被問到這個問題。因為，可以毫不遲疑地回答這個問題，是「我全心全意投入了這個提案」的證明。

共感型的人是用這個問題，來評價「提案者有多麼把這個提案當成自己的事」。這時候，聽到曖昧不清的答案，會覺得「不是誠心誠意的提案」，興致全被澆熄了。

男性美容師向年長的女性客人提議好幾個髮型或髮色時，如果被問到：「你覺得怎麼樣？」不要說得含糊不清，可以試著說：「如果妳是我的女友，我會希望妳選這個。」

私人提案也一樣。約對方出來時，不要列出「要不要去吃飯？要吃義大利餐嗎？還是吃和食？」這樣的選項，爽快地說：「我想帶妳去吃一家義大利麵，我們去吧。」絕對會更受歡迎。

提出自己最推薦的方案。

這個手法不只是對女性有效。有才幹的事業家，不論男女大多是直覺型。所謂的直覺型，在事物判斷上，能快速切換過程導向共感型迴路與終點導向解決問題型迴路，是兩者並用的類型。商業談話主要是以解決問題型進行，但時而會猛然切換成共感型，問「你覺得怎麼樣？」也是常有的事。

這時候，莞爾一笑說：「我其實是推薦Ａ案。」通常都可以談成生意。即使談不成，也會讓對方留下印象，一定會有下一次。

即使提案沒被採用也不必在意

在這方面，還有一個注意事項。

有很多人會問：「你覺得怎麼樣？」問完後，卻不依照得到的答案去做。我方說「最推薦Ａ案」，對方卻作了Ａ案之外的選擇。終點導向解決問題型可能會覺得白費力氣，一肚子火，但是，千萬不要在意。

過程導向共感型會本能地判斷「這個提案是否有足夠的誠意」，所以會問：「你覺得怎麼樣？」得到針對這個問題的真誠回答後，會對提案者產生信賴，先接納所有的提案（Ａ案、Ｂ案、Ｃ案全部）。之後，經過冷靜判斷，也有可能選擇對自己最有利的Ｃ案。

「老公，你覺得這個包包是茶色好還是橘色好？」的問題也是一樣。男性常會感嘆地說：「老婆總是問我哪個好，卻通常不會買我選的那個。」其實不必在意，女人只是在享受男友或老公把精神集中在自己身上的時刻。是否要照他們的意見去做，是另外一回事。

她們想問的不是意見，而是心情……這個意思大家明白了嗎？

解決問題型注意事項②：不要一開始就否決

解決問題型的對話（事實脈絡），會一開始就指出對方的問題點。但是，共感型的對話（心的脈絡），必須靠共感產生理解。在「心的脈絡」的章節裡，已經追根究柢地寫過這方面的事，就不再重複了。

現在，我要向前跨一大步，直接敘述提案時的注意事項。提案時，也不能一開始就「指出對方的問題點」。

假設，被問到：「要不要去吃培根蛋義大利麵？」你心想「咦～聽起來好油膩，還是吃蕎麥麵比較好」時，會不會回說：「咦～最近一直有聚餐，消化不良，還是吃蕎麥麵吧？」這麼說，女朋友應該會情緒低落。

「吃那個也不錯，不過，要不要去吃蕎麥麵？那家的蘿蔔泥雞肉很好吃，所以再去一次吧？」這麼說，女人的心情就會好一點，通常會OK。

共感型的大腦喜歡彼此提案。而解決問題型往往會評估自己的提案能否通過，所以，會覺得不清楚地否決對方的方案，就另提其他方案很卑鄙，其實不是那樣。

對共感型而言，「正面的其他方案」給人的感覺，是「我對我們兩人的用餐也有想法」的意見表達。

在「兒子報考學校」這件事上意見分歧，也不要一開頭就否決說：

「報考？在經濟上有困難啊，而且從幼稚園就逼他讀書，太可憐了。」

不妨嘗試著說：

「男人需要『附近的朋友』，暑假時結伴玩耍，一起長大的朋友。我想讓他結交這種當地的朋友，所以也去看看當地的小學吧？說不定也沒那麼差。」

一時想不到其他方案時，可以先表示理解，以後再說。

不要一開始就指出對方的問題點。

不論是「閒聊」或「商量」、「提案」，都不能排除這個法則。

總結

- 對話有「心的脈絡」與「事實脈絡」兩種。
- 「事實脈絡」是由解決問題型的大腦展開的對話脈絡。
- 「事實脈絡」會毫不猶豫地指出對方的缺點，用以解決問題，把所愛的人從混亂中救出來。
- 面對解決問題型的人，要從結論說起。
- 若是難以啟齒的結論，不妨把「正面的目標」當成廣告標語加上去。
- 不要過度解讀解決問題型的人的詢問。

04

對話之外的溝通壓力

在前面章節，說的是如何讓男女（正確來說是終點導向解決問題型VS.過程導向共感型）的對話壓力接近零的種種方法。

然而，並不是只有在對話時會產生壓力。在交談之前，也可能因為「瞬間行動的不同」或「瞬間看法的不同」已經產生了壓力。

在這個章節要說的是，在對話之前已經產生的溝通壓力。

在無意識中做出來的「瞬間行動」，在私人對談中比較容易顯露。因此，會拿家庭中的案例進行探討，但也會延伸到職場的案例，所以，請不要認定「我還沒結婚，所以跟我無關」，要繼續看下去。若是難以理解夫婦之間的微妙關係，請置換成父母的關係來看。

在職場上，「該採取的行動」幾乎都是固定的，所以，表面上看不到那麼多的「瞬間行動的不同」，但還是會對內部深處造成影響。

4-1 壓力公平的原理①：看不見的任務

在二十世紀之前，令男女火冒三丈的理由，分別是女人認為「男人老是瞧不起女人」，男人認為「女人情緒化又愚蠢」。

到了二十一世紀，越來越多女性進軍社會，女人們證明了自己的社會能力不比男性遜色。男人們也不再以「女人就是這樣」為由，低估對方。

然而，男性們的「生活者能力」卻一直沒有提升。雙薪夫妻不可缺少做「順手家事」（例如站起來上廁所時順手收拾杯子）的能力，偏偏很多老公都做不到。只幫忙做「有名稱的家事」（打掃、洗衣服、煮飯做菜、購物、丟垃圾），老婆的家事永遠也做不完。老婆們會從那裡看到「家事意識的低落」，進而看到「愛情的缺乏」，最後看到「人性的低微」，越來越不滿。

二十一世紀型男女間的壓力

於是乎，在男女平等的社會，女人們因老公而產生的壓力，非但無法降到零還倍增。明明在社會上是與男性共同奮鬥，家事的比重卻還是壓倒性地落在自己身上。壓力就是來自這種不公平感。儘管生產與哺乳伴隨而來的損傷，全都在女性這一方。

那麼，男人們有因此輕鬆許多嗎？

沒那回事。男人們的壓力何止倍增，根本是暴漲十倍。**男性腦原本就不是可以做到「順手家事」的結構。要跟女性腦一樣完成那些事，會伴隨強烈的壓力。**奶爸、家事男們，都不得不面對這些事。

本以為男女平等，天下就太平了，卻只平添了男女間的壓力。從溝通壓力的角度來看，誰也沒有好處。這就是二〇二〇年的現狀。

要做到公平的不是任務而是壓力

不過，我並沒有懷念男女不平等社會的意思。

我希望時代可以更向前邁進一步。

那就是導入**壓力公平**（Stress Even）的思考方式。

至今，人類都是以任務公平來思考平等，那是任務（要做的事）上的平等，必須改變這種思考方式。要做到公平（同等）的不是任務，而是大腦的壓力。

這麼想，就能改變家事的界線。若能實踐讓兩人的壓力變公平的「任務平衡（Task Balance）」，兩人的壓力就非常接近零了。壓力公平≒總壓力零的法則。

要做到壓力的公平，必須相互了解對方的大腦有怎麼樣的壓力。

首先，來看關於經常在家庭裡發生的壓力。

當女人為「茶的水滴」感到絕望時

以我朋友這對情侶為例。

他在家工作，所以比她在家的時間長。因此，他會自己泡茶，但是，據她說：「每次茶壺倒滿水，茶的水滴幾乎都會點點滴在地板上。」在一起生活的這幾年，她都是默默擦拭那些「地板上的點點」。因為踩到濕濕的水滴不舒服，等乾掉後再擦也會更難擦。但是，他是那種會自己泡茶就已經很了不起的人，所以，她從來沒提過這些細節。

有一天，他又在她面前把茶壺倒滿水，水果然又滴滴答答滴在地板上，她就趁機提醒了他這件事。在這種情況重複幾百次，不，搞不好是上千次之後，她終於說了一句話……

但是，那句話似乎惹惱了他，她說每次有客人來，他就會控訴：「這個人老愛吹毛求疵，我不過把茶的水滴滴在地板上，就被她罵了，不過是茶的水滴啊。」

可以想像她有多絕望吧？

倘若這件事成為他們分手的原因，我也不訝異。聽到她說：「我下定決心跟你分手，是因為茶的水滴。」想必男人會滿心疑惑吧。因為他不知道，**在那冰山的一角下，有「她奉獻至今的人生時間」**。

男方不知道「自己犯了幾百次的錯」，也不知道「女方為自己收拾了幾百次」，會覺得女方是「為區區茶的水滴吵鬧」，所以，一定是想把**願意讓**精明的老婆騎在頭上的自己，半炫耀地說給客人聽。

除了男性的大腦外，他並沒有罪過。但是，想到他帶給她的絕望，還是有危險性。就像這樣，男人會因為無法理解的道理，被女人下最後通牒，所以會彼此談論「女人是魔鬼」或「女人是謎團」。

別胡說八道了，這世上沒有「謎團」也沒有「魔鬼」，只有溝通的鴻溝（Communication Gap）。

老公不知道的家事

附帶一提，這個「病例」的教訓是，絕對不要輕視「她的一句話」，也不要嘲諷那一句話。要知道，在那一句話的背後，有數百個「默默忍耐」。

不過，男性腦是為了控制廣大的空間，所以過著刻意不去看「種種生活瑣事」的日子。不只為了物理空間，也為了保有思維空間的寬敞。無法察覺女人的百次嘆息，也無可厚非。我無意為此責怪他們。

女人們也早就知道，他們對「生活瑣事」的關注比女性腦淡薄。所以，總是默默做著種種事。但是，如果這樣還被說成「這個人吹毛求疵」、「東嫌西嫌」，那種絕望就很深刻了。必須在兩人之間出現龜裂之前，領悟到「她那一句話」的嚴重性。

稍後我會提到，男性腦再怎麼努力，在家裡的所作所為也無法達到女性的期待。在這方面，需要女方的理解，也需要男方的思慮。

總之，就是乖乖道歉，努力不要再犯同樣的錯。

然後，平時要察覺「自己不知道的家事」堆積如山，不要忘記約略懷抱「老是麻煩妳，謝謝」的心情。

老闆不知道的工作

有機敏的工作人員支持的老闆，也需要這樣的思慮。工作人員和老闆，與各自的性別無關。

老闆的任務，是策劃中長期戰略，掌握整體，不要迷失長遠目標。不論男性或女性，凡是發揮這種感性的人，都看不見眼前「雜七雜八的事」。所以，不能缺少工作人員。

工作人員被要求的是短期戰術，扛著很多老闆不知道的「機敏任務」。即便自己以前有過當工作人員的經驗，也未必能完全理解現在的工作人員的心情。因為大腦組合的奧妙不同，時代也不同。

能看見自己看不見的東西的人，是至寶。然而，那也是「對方無法如自己的期待，看到自己看得到的東西」的關係，所以，往往會彼此抱怨「對方不理解自己」、「不能用」。

大腦無法同時看見「遠」和「近」。顧得了那邊，就顧不了這邊。

當然，偶爾也會有快速切換大腦，把戰略、戰術都放進守備範圍內的天才。可以邊掌握世界的動態，邊把心思用在裝飾廁所的花朵上。但是，這樣的天才有些無法把組織做大，因為很難讓公司擺脫自我完結的世界觀。

好老闆、壞老闆的區分方式

所謂好的組織，是指老闆與工作人員彼此信賴、分享守備範圍，能相互抱持「自己看不到（做不到）的很多事都是對方在做」的敬意。

對看不到的機敏表達敬意，是超越想像力的尖端能力。做不到的人，不能成為好老闆。

例如，去某餐廳用餐卻無法對該餐廳的工作人員表達敬意的人，很遺憾，不該位居眾人之上。

為了在寒冷的季節讓店內變得暖和（在酷熱的季節讓店內變得涼爽），以便在舒適的環境中提供適切的服務，所需的機敏遠超過外行人所能想像。即使是輕鬆休閒的店，也一定會有在不多的預算下做好服務的用心與努力。向這個超越想像的部分表示敬意，就不會急匆匆地喊人過來、不會怒聲責罵不滿的事、付錢時錢不會用丟的。

要喊人時找適當的時機、有不滿時用平靜的聲音要求改善、最後再有禮貌地說聲謝謝。可以做到這樣的老闆，就會理解自己的工作人員的「看不見的機敏」。

不論男女，很多人都說「不喜歡上司或男女朋友用傲慢的言語對待提供服務的人」。因為會從中感覺到**「對方缺乏對勞動的想像力、有無法認清自己死角的傲慢、心胸狹窄無法敬愛他人」**。那也會成為帶給自己不幸的種子。

大腦有死角

如前所述，感性迴路有兩種，不能同時同質化使用。以一邊為優先，另一邊就會萎縮。大腦是有死角的。

越有才幹的人，大腦越是爆發（Peak）模式（因為是採取突出的使用方式），所以容易產生死角。

有才幹，才能立於眾人之上。

但是，若不能向他人的「看不見的才幹」表示敬意，就沒有資格立於眾人之上。

以男女來說，愛是基於生殖本能，自然形成的。

但是，如果沒有二話不說完全敬愛對方的氣度，就沒有資格持續被愛。

這世上大部分的大腦，都是真誠地想活得更好。其戰略之一，就是「粗魯」與「細膩」兼容並蓄。我覺得「不知道茶灑出來的大腦」很有才幹，也覺得「假裝沒事默默擦乾的大腦」有很高的能力。

糟就糟在，深信「自己看到的世界就是全部」。也就是，不相信對方說的話，嗤之以鼻。

終點導向解決問題型的才幹，容易看到成果、業績。但是，機敏這種過程導向共感型的才幹，在大部分場合都不會被當成明確的業績。

因此，使用終點導向解決問題型迴路的人，要更小心才行。對於許多無法想像的用心，要二話不說地致謝。

試著把茶壺換成煮水壺

我想給「再三造成困擾」的家人、部下或上司，以及覺得困擾的一方建言。

若是有人不斷重複相同的事，最快的方法就是改變那個「結構」。

以前面的例子來說，若是每次都會把茶壺的茶灑出來，**最好改變他端出來的工具**。讓他習慣在廚房就把茶壺的茶倒進保溫瓶裡，或是讓他像以前社團的男生那樣，把茶包丟進去，再把煮水壺拎過去。以他的能力來說，「用茶壺泡茶」這個行為，或許太過細膩了。

但是，我想很多老婆不會滿意我這個提案，因為，真正的問題不在於「茶的水滴」。老婆原本就希望「他不是個粗魯的老公」，只是這回偶然因為茶壺，把這個願望表面化了。

即使把茶壺換成煮水壺，粗魯的老公還是一樣粗魯，讓他拎煮水壺過去，只會讓他顯得更粗魯而已。

從她不放棄茶壺，默默擦拭水滴幾百次的做法，我看到了她的「期待」。期待他有一天學會不要把茶灑出來的細膩，然後，其他事也一定會改變，她就能更愛他……

然而，即使明說了，老公也聽不懂。有些老婆會因此放棄悲哀的期待，選擇默默忍耐。遺憾的是，後來大多會迎來「突然的分手」。很多老婆會變成嘮嘮叨叨派，但是，與其嘮嘮叨叨，還不如讓他拎煮水壺過去。

重新評估入境隨俗

若是有人不斷重複失敗，就試著檢討不要重複失敗的方法，這個思考對職場的多元共融也有效。

我自己在秘書從三十多歲的女性換成六十多歲的男性時，大幅改變了業務的結構。在不同世代、不同性別的兩者之間，有著「瞬間直覺」的不同，所以輕鬆的做事方法（而且不會失敗的結構）也不同。也改變了期待的方向。女生之間的契合感消失了，但得到了老手的智慧。

在家庭裡，老婆是多數派（Majority），老公是少數派（Minority）。因為人數比雖是1：1，生活結構卻是傾向過程導向共感型。在這種狀態下，老婆必須想辦法控制老公的「瞬間毛病」。

在職場上，很多時候女性和外國人是少數派，所以要反向思考。若是對

「女性部下」及「女性上司」有什麼共通的不滿，那麼，這裡面應該存在著女性腦難以認知的職場的「默契」。

無論如何，**應該相互理解女性腦自然會做的事，與男性腦自然會做的事。然後，再思考可以讓步的事、希望對方改變的事。**這本書的存在，就是為了讓彼此走得更近。

前人有句話說「入境隨俗」。

長年承襲至今的方式，有其深奧的意義，裡面有著學會時自然能夠體會的隱性學問。沒錯，我認為這是深遠的真理。

學生時代，跟我一起學茶道的朋友，曾經對很快就挫敗的我這麼說——妳說：「不過是泡個茶，要那麼多道程序，太麻煩了。」其實，學會後就會明白非那些程序不可。當手在動的時候，心會很快靜下來，身體自然會跟著程序走。然後，茶室會變成宇宙。沒有任何多餘，也沒有任何不足。

朋友的這番話，讓我明白了「入境隨俗」這句話的深奧，即使剛開始有違和感，也要坦然置身於那個世界，如此，那個世界觀就會進入自己腦裡，人就是要這樣才能成長。

我覺得，置身於精練的世界，坦然隨從，最後變成高手，是很棒的一件事。我不希望這樣的修行機會，逐漸從這世上消失。

然而，茶道的成立，在於那是一個興趣嗜好的世界。十人當中只要有一人了解我朋友那種陶醉的世界，就夠了。挫敗的九人，可以做其他修行。

當然，在公司組織中，需要特殊技術的部門，也可以有這樣的做法。前提是，要能如願調到其他部門。

但是，在性別、國籍、民族、身體狀況不同的人，混雜共存的二十一世紀型的公司組織裡，需要多一點彈性。有時候，不要拘泥於茶壺，要有讓對方拎煮水壺過去的覺悟。

放棄茶壺，意味著放棄附隨於其中的「能力」。也就是說，忍耐煮水壺的粗魯，才會有收穫。

由二十世紀型的「多半單一民族的多半男性」構成的公司組織裡，想必是有由默契構成的某種美學。然而，或許已不被允許沉浸在那種鄉愁裡了。

在八十億人居住的地球上

這個星球目前居住著逼近八十億的人口。話說，在日本公司由「大半日本人男性」構成的古老美好時代=我的大學時代（約一九八〇年）時，人口是四十四億。

創造出八十億人口用來維持生命的能源，是人類的使命。光是這樣，我就覺得夠壯烈了。據說，二〇五〇年還會到達一百億。一九五九年出生的我，搞不好在活著期間也會親身經歷人口密度過高的地球。

若不能適應混雜、沒有把這種狀況當成武器的覺悟，我想任誰也無法存活吧？

重新評估「入境隨俗」的機智，一定會抹去某種美好的東西，但也一定會衍生出其他某種值得珍愛的東西吧？某種觸及人類愛情的東西。然後，衍生出堅強的經濟實力。

時代的變遷片刻不停，讓我們向前進吧。

總結

- 大腦有死角，無法感知不同感性的人正在做的所有事。
- 家庭裡有很多「老公不知道的家事」，職場上有很多「老闆不知道的工作」。
- 要相信世上有很多「自己看不見的機敏」，約略感謝周遭人。
- 試著不再入境隨俗（把組織的多數派的做法，強推給少數派）。

4-2 壓力公平的原理②：「做不到」是有理由的

二十一世紀的老婆們的絕望來自哪裡，老公們知道嗎？說白了，就是「沒有參與生活的意願」。

老公們可能會詫異地說：「我都有幫忙刷浴缸、洗碗盤、買東西啊?!」但是，只分擔煮飯、洗衣服、打掃等有名稱的家事，很遺憾，還得不到「生活伴侶」這個榮譽。

因為正困擾老婆們的是，沒有名稱的「順手家事」。

剝奪老婆時間的「順手家事」

我家今年蓋了新房子，讓附乾燥機浴室和脫衣室，緊臨大型衣帽室。可以在浴室和脫衣室，輕鬆地做吊掛式烘乾，不必再辛苦地扛到曬衣服的地方。等衣服乾了，直接拿去隔壁房間，洗衣服的工作就完成了。不用「收衣服」，也不用「折衣服」。如今，「洗衣服」這個行為，只是把衣服從洗衣機拿出來，再掛到衣架上而已。

目的明確的「有名稱的家事」，可以這樣合理化，家人也更容易分工合作。

然而，那之外還有無數機敏的家事，例如「收拾桌上被丟著不管的髒杯子」、「撿起家人脫完就扔的T恤」、「收拾用完不收的剪指甲刀」、「把傘晾乾、折疊、收起來」、「拉上一直開著的窗簾」、「關掉一直亮著的燈」、

「感知沒有備用的廁所捲筒衛生紙，著手調度」、「感知牙膏存貨不多，加入購物清單」、「擦拭洗臉盆前的鏡子」、「擦拭冰箱稍髒的地方」、「往廚餘容器噴灑酒精」等等。

有小孩的話，更是沒完沒了。還包括在買晚餐材料時，「想起明天要付小孩才藝班的月費，特地把一萬圓紙鈔找開」這種事！沒辦法做到這樣的主婦，會花更多的時間在生活上。ＡＩ家電再發達，這種機敏也不可能成為零，會一再一再地發生……

是這種「順手家事」，毫不留情地奪走了老婆們的體力與時間。

非但不幫忙，還視而不見（甚至再增加工作量）的老公，會讓妻子越來越絕望。

前些日子，某家女性流行雜誌來採訪我。事前問卷調查結果顯示，對老公不滿的壓倒性第一名是「丟著不管」。例如，衣服脫下來就丟著不管、喝完水杯子就丟著不管、東西用完就丟著不管……「我老公每天晚上洗完澡都要喝啤酒，杯子總是丟在電視機前面不管。不論我說多少次，他都不收。在早上忙碌的時間，還要收拾有啤酒臭味的杯子，真的讓人很生氣。他明明可以在進臥室前，把杯子放在廚房的水槽裡，為什麼他就是不做呢（怒）？」

次數多了，老婆會覺得老公對家人缺乏關心，次數再更多時，就會斷定老公的人品很差。老公會失去信任，降格為同居人。雖然只是杯子，但就差在杯子。

不是「不做」而是「做不到」

但是，我想告訴所有的老婆們！

終點導向解決問題型的大腦，要做到「站起來時，順便發現眼前的啤酒杯，邊收拾邊走向臥室」，還真是件困難的事。

沒錯，如果每天做，說不定哪天會成為習慣，但最好有心理準備，他幾乎不可能發現當天偶爾擺在那裡的杯子。

女人光是趁電視廣告時，去上個廁所再回來，也能完成好幾個任務。站起來時，順便收拾桌上的髒杯子，上完廁所回來時，發現晾在玄關的雨傘乾了，把傘折起來。然後，順便確認消臭劑還剩多少，再把家人的鞋子擺整齊。即使做了這麼多事，也不會忘記去拿抹布，把桌子擦乾淨。

在廣告時間內，能夠不著痕跡地完成這麼多事，就是愛家人、愛家庭的證明。

然而，老公卻不會做同樣的事，只會上完廁所再回來，絕不會瞥一眼髒杯子或晾在那裡的傘。像這樣缺乏機敏、缺乏體貼，會讓妻子感到絕望。

前些日子，有位女性對我說了這段話——我老公脫掉了T恤，我對他說：「脫掉就馬上放進洗衣籃！」他乖乖地把 T 恤拿去了脫衣場。但是，刻意跨過了剛才脫在腳下的運動褲和女兒的洋裝。那麼做絕對是在氣我吧？

終點導向的大腦看不見杯子

現在，我要請大家回想一下。男性腦是終點導向，決定目標後，就會一直線往前衝。

一決定目標，大腦就進行過濾（排除），不讓「眼前的種種」、「周遭的雜七雜八」進入視野。

我要再三強調，男性腦是從獵人腦進化而來的。一旦決定要「射殺那隻兔子」，視線就不會轉移到其他地方，不可能看到「啊，玫瑰花開了」、「啊，草莓熟了」。

所以，決定以廁所為目標，就不會看到杯子或雨傘。如同在狩獵中，不會看到腳下的玫瑰或草莓。

而女性腦絕對有利於仔細地蒐集「周圍的種種」。例如，小孩有一點點身體上的變化都能察覺，或者，即便是去採香菇也能順便摘取途中發現的果實或藥草，所以，**大腦的結構是以自己為原點，半徑三公尺以內都能面面俱到，看得鉅細靡遺。**

在家庭裡，大致是以半徑三公尺以內為收拾範圍，從客廳的沙發到廁所的動線裡，可以找到堆積如山的順手家事。

對這樣的老婆們來說，實在很難相信老公們連那個髒杯子都看不到，但事實就是如此。

對男人而言順手家事的難度太高

想要讓老公們做這種順手家事，必須依據每個任務設定目標，擬定執行計畫。目標可以是複數。

趁電視廣告的空檔去上廁所時的終點，可以設定為「目標 1：桌子」、「目標 2：廚房」、「目標 3：廁所」、「目標 4：玄關」、「目標 5：廚房」。

把這個執行任務的表單做成操作指南，貼在牆上，訓練幾次，也一定會有老公做得到吧。應該會有，只是壓力難以估計。

每進行一次任務表單，老公的大腦都要檢索「有沒有其他要執行的任務」，重新設定目標。相較於幾乎是在無意識中完成那些工作的老婆的大腦，要承擔高出好幾倍的壓力。

即便如此，也要讓老公做順手家事嗎？

適才適所以求壓力公平

我家的男人們，不會注意到髒杯子，但很會組裝家具。

每次組裝網購送來的架子或床時，我都很緊張，因為過程導向共感型的大腦的使用方式，會形成阻礙。從設計圖中，老公只會看到「該怎麼做的條理」，我卻不一樣，會被「自我的觀點」擺弄，攪得一片混亂。即使開始鎖螺絲了，也會不由得做起下一個步驟，或是直接跳過一個步驟。

主要是因為**過程導向共感型的大腦，基本上「會從察覺的地方立刻做起」**。捨不得花時間確認整體的整合性，會毫不猶豫地出手完成察覺的任務。若不是這樣，根本做不完無限任務交錯重疊的家事。

有時候，我會想：「如果每天都有不同的家具送來，我必須吃完晚餐後馬上組裝，我一定會不想回家。希望老公做順手家事，不也是同樣的道理嗎？」

大腦的瞬間使用方式不同，就是這麼一回事。

對某人來說自然能做到的事，對某人來說卻是絕對的壓力。

各自承擔比較沒有壓力的任務，在無論如何都需要協助時，努力做到分量的均衡，就是我引用的壓力公平法則。

會「搞砸」的事先靠系統吸收

在很多家庭裡，順手家事通常是由女性負責。老婆們總是感嘆地說：「不管說多少次他也不肯做、不肯幫忙。」然後壓力越來越大。男性們卻連有哪些家事都察覺不到，對總是嘮嘮叨叨的老婆感到疑惑，導致不融洽的夫妻關係形成越來越大的壓力。並不是老婆的壓力有多大，老公就有多輕鬆。

老婆也要有所覺悟，放棄「老公做不到的事」。有女性嘆著氣說：「不管我說多少次，他還是會把口袋裡有面紙的褲子扔進洗衣機裡。沾滿面紙的洗滌衣物，真的很難處理。」我對她說：「如果再三發生，那麼，他可能一輩子也做不到，妳幫他檢查就行了啊。」她驚訝地說：「這是我的工作嗎?!」我笑著說：「為什麼不能幫他做呢？讓他用其他事情回報妳就行了。」

她說：「可是，在洗衣機裡跟其他洗滌衣物混在一起，我也會看漏啊，還是要讓他自己做。」我建議她說：「既然這樣，就準備一個洗衣籃，不要讓他直接丟進洗衣機裡啊。」聽到她恍然大悟地說：「啊～洗衣籃啊，沒錯。」我才鬆了一口氣。萬一她說：「我不想碰觸他的衣服。」我就沒有其他招了。

與前面所說的「把茶壺換成煮水壺」一樣，當務之急是盡可能靠系統（步驟）吸收「老公會搞砸」的事。

在職場上，會比家庭更理智地處理這方面的事。對於「很多人」或是「很少人但經常」會搞砸的事，職場會建立不要變成那樣的系統。這是防止人為疏失的基本關鍵。

在家庭裡，「老公會搞砸」的事，大多被置換成「散漫」、「不體貼老婆」，這就是困難所在。

請老婆不要把「老公會搞砸」的事，想成是心的問題。凡是能靠系統找到方法的事，都盡可能去做。

為了哀嘆「老公不收拾喝啤酒的杯子讓我壓力好大」的女性，我一直在思考能不能作出「不拿起杯子就不能走到臥室的結構」。

老公的家事就從一點豪華主義做起吧

當然，不能讓老公免除所有的順手家事。訓練「相反的使用方式」，能使大腦成長，而且，用遍大腦每個角落，也比較不會失智。更能因此知道「對方為自己做的事有多麼偉大」。

我是讓老公成為我的家事夥伴，但是，是從把期待值徹底設為零開始。而且，嚴選出「無論如何都希望由他來做的家事」，讓那些家事成為常規，也不會忘記稱讚他、感謝他。

經過這樣的努力（三十五年），現在沒有比老公更稱心的家事夥伴了。雖然以量來說，我壓倒性地高過他，但是有他重點式的協助，都做得很順暢。例如，讓完全不會烹飪的老公，變成「煮麵」的專家。要煮蕎麥麵、烏龍麵、義大利麵時，就輪到他上場了。我準備佐料、做高湯蛋捲時，他就在旁邊煮出了口感絕妙的蕎麥麵。用冰冰鎮的時機、技巧，也都好到令人著迷。

我的朋友說她是縮小到「洗米」這件事上。在養兒育女期間要做便當，必須「在晚上把米洗好放進飯鍋裡」，這件家事也有難以想像的壓力。完全忘了要做這件事就去洗澡，之後再用擦完美容乳液的手去洗米……真的會覺得好無力。所以，她把這件事指定為老公的常規任務。剛開始，她會偷偷備好老公忘記煮飯時的備用飯＝「冷凍飯」。

若要讓老公參與家事，建議從「一點豪華主義」開始。只要把自己覺得有壓力的家事，分派給老公一件就行了。不過，剛開始要先做好失敗時的挽救措施。花時間慢慢增加可以做的任務，在夫妻都屆齡退休時，就會成為很好的搭檔。

都不努力，只想著對方的「不體貼」而生悶氣，也於事無補。要成為「夫妻」需要努力與毅力，但是，值得那麼做。反正現在是活到一百歲的時代，當夫妻的時間長達七十年以上，多得是時間。

以感謝回報任務的超量部分

還有，不可以忘記很重要的一件事。

老公（正確來說是在組織中擔任終點導向解決問題型的一方）不知道老婆（正確來說是在組織中擔任過程導向共感型的一方）有多少機敏的工作，要試著去理解，以敬意相待，時常懷抱感恩之心。

所謂以敬意相待，是指不要藐視對方說的話（覺得囉唆或充耳不聞，主張自己賺的錢比較多）、不要在他人面前說揶揄的話（不要說「這個人吹毛求疵」、「我常常被老婆使來喚去」之類的話）。

只要有感謝與慰勞，就不會埋怨多做點家事的老婆，比想像中多。「對方不理解」所造成的壓力會比「對方不肯幫忙」大很多。反之，獻上感謝，就能減輕壓力。

再怎麼完美分擔家事，過程導向共感型所承擔的家事任務量，無論如何還是會超過均衡。請以「敬意」和「感謝」，稍微彌補一下吧。

這樣的狀況也可以套用在職場上，**只要上位者不忘記對工作人員的感謝，工作人員的機敏就會提升好幾倍。**

如果覺得工作人員的機敏不足，那或許就是老闆的感謝不足。

要以感謝回報機敏壓力的超量部分，這點請務必銘記在心。

萬國通用的溝通法則

以客人的身分進入商店時也一樣。即使沒有受到特別的服務，光是開門讓我們進去，就該感謝餐廳的工作人員。不必說「謝謝」，只要把這份心意注入「你好」這句話裡，就能得到更機敏的服務。

在這個世界上，自己沒察覺的事俯拾皆是，因為有自己不知道的周遭的機敏，我們今天也才能夠愉快地活著。有了這樣的認同，世界就會突然變得溫暖。

感謝是萬國通用的最好的溝通法則。

任務超量的一方也不要吝於感謝

此外，立場相反的一方也不能忘記感謝，儘管很容易忘記。

以任務的數量來說，絕對是老婆一直在做「沒有名稱、過程敏捷的順手家事」。

然而，無論如何，對方並不知道那些事的總數量。基本上，根本不知道自己做的事不到整體的幾分之幾，因此，老公同樣會有「對方不感謝自己做的事」的壓力。

老婆或許會想，他不過就是幫我做了十件裡的一件，我為什麼要感謝他?!一碼歸一碼，請不要以總數量來除以他所做的事，要一件一件地感謝他。

對克服大腦的壓力，勉而行之的人來說，家人的感謝是很重要的動力。一天又一天，不論颳風下雨都去公司上班這件事，他不會想得到稱讚，但仔細刷洗浴缸那天，聽到：**「哇，還是爸爸厲害，洗得這麼乾淨。」**會讓他心花怒放。這就是老公之心。

不要吝於感謝。對超量完成任務的一方來說，這也是重要能力。

有些任務對老婆來說微不足道，對老公來說卻伴隨著高度壓力。以任務來說，老婆方絕對超量，但是，以壓力來說，說不定是老公方超量。

我不喜歡以數字來比較「老婆與老公的家事時間」，原因在此。不探索因「感性迴路的瞬間使用方式」傾向而造成的偏差，就做不到正確的壓力公平。

家事壓力的感性偏差

可以靈活運用過程導向共感型的人，也會有家事壓力的感性偏差（壓力偏差）。我使用吸塵器會有極大的壓力，用冰箱裡的剩菜做菜餚卻沒有任何的壓力。跟我住在一起的媳婦，正好相反。

對我來說，順手打掃的十分鐘，與順手烹飪的十分鐘，壓力相差一百倍。對媳婦來說，正好相反。因此，我們清楚地分擔了這些工作。她可以率直地對我撒嬌說：「我肚子餓了。」我也可以毫無顧忌地對她說：「用吸塵器打掃一下這裡。」

家人可以相互縱容

我兒子對烹飪也是毫無壓力，但是，晾衣服是他這世上最討厭的任務，在我家沒有人會逼他做這件事。他有權利率直地把髒衣服遞出來，說：「把這個洗了。」我老公會俐落地幫我曬好洗滌衣物。而老公的宵夜，就由兒子來做。

在我家會相互縱容，把總壓力盡可能降低到零。我想是因為我們夫妻和兒子夫妻，四個人的個性都很突出，完全不同，所以能做到絕妙的平衡，相處融洽。

我們一家人的優點是，沒有人是完美主義。而且，基本上「都想為對方做什麼」，對自己「做不到的事」很寬容，對別人做不到的事也完全寬容。偶爾也會為了「無論如何都不能退讓」的事引發衝突，當下會吵得很激烈（因為感性相差太遠，無法靠感覺彼此理解，所以會一直講道理），但算是感情比較好的家庭。

以這樣的經驗來說，要把家人的溝通壓力的總量降到最低，最大的訣竅或許就是拋開完美主義。首先要縱容自己，能做到這一點，就能寬待家人。

人會因「不足之處」受到歡迎

在養育兒女時，我很寬容兒子「不會整理」的缺點，所以，周遭人經常對我說：「不好好教導他，等他長大後會很辛苦。」結果，他娶了一個能充分彌補他的缺失的「整理高手」。

男女之間的奧妙，就在於**「不足之處」會成為刺激異性的「想為他做什麼」的本能的黏合劑**。「不足之處」與「想為他人做什麼之處」並存的人，會比較有魅力，最後占到便宜。

大腦沒有淨是缺點的機能，這點稍後再談，有特別突出的缺點，就一定有特別突出的才能。

我知道這一點，所以，甚至會害怕若糾正家人的缺點，一定會抹去什麼他們珍愛的東西。我在收拾兒子脫下不管的褲子時，會很高興兒子還是原來的兒子。對老公少根筋的發言，也有著同樣的愛戀。

通往零溝通壓力之路

如果這樣的感性也能用在公司上，會輕鬆許多。周遭會變得柔和。「縱容」聽起來不像是可以用在公司的語言，但是，我倒希望大家嘗試看看。

思考一種架構，可以發揮一個人的長處，信賴他、委任他，並扶持他的短處。在二十一世紀有很多種選擇，可以靠經營夥伴相互支持、靠工作人員支持、靠系統支持或靠ＡＩ支持。

這樣會比完美地打造每一個人更快產生效果，而且想像力會更豐富，成為團結力強的組織。在高度多樣化的現代社會（不能要求所有人都是類似成長過程的日本男性），成功組合雜亂的感性是唯一的解答。

——稱讚「做得到之處」，縱容「做不到之處」，相信世界上到處都是「自己看不見的機敏」，約略感謝周遭——

通往零溝通壓力之路的路標，就是這麼一句話。為了讓大家了解這句話，我寫了這一整本書的文章。

總結

- 二十一世紀的夫妻間壓力，主要來自「順手家事」。
- 不是「不做」而是「做不到」。
- 會「搞砸」的事先靠系統吸收。
- 適才適所、相互感謝，能實現壓力公平。
- 稱讚「做得到之處」，縱容「做不到之處」。

4-3 壓力公平的原理③：大腦沒有淨是缺點的機能

在上一個篇章也稍微提過，大腦沒有淨是缺點的機能。

我把人腦當成裝置，透過ＡＩ的觀點，研究其中機能，將近三十七年。在不斷累積中，產生了某種確信，那就是「大腦連一秒鐘都不會做徒勞無功的事」。

被當成是女人閒聊的廢話，也是用來產生「深層察覺」的運算的一部分。男人在家裡會少一根筋，也是為了把注意力集中在「遠方終點」的運算的一部分。

例如，「膽怯、拖拖拉拉」也未必都是壞事。因為理科系不能缺少空間認知能力，而支撐這個能力、製造出專注力的荷爾蒙副腎上腺素（Noradrenaline），也是膽怯的荷爾蒙。

「害怕邋鞦韆，做什麼事都很消極、拖拖拉拉」，但是「對自己有興趣的事可以長時間全心投入」的孩子，將來大有可能在數學、物理學方面發揮長才。強迫這樣的孩子過著「今天上英文會話課、明天學游泳、後天補習……」的生活，太浪費了。因為這樣的大腦，不可以缺少「閒暇時間」。

附帶一提，若是「膽怯、拖拖拉拉、注意力散漫」，有可能是控制腦內神經信號的荷爾蒙群分泌不足。這種情況，必須早睡早起、吃營養豐富的早餐，不可以放著不管。

「心的動搖」會創造出迴避危機的能力

年輕女性傾向於會拉長心的動搖時間。

尤其是遭遇可怕的事時，會動搖一陣子。例如，會想：「剛才在車站樓梯，差點向前跌倒摔下去，好可怕∼……萬一摔下去……哇∼」

男性會無法理解，為什麼要一直提「差點跌倒但沒跌倒」這件事。然而，這也不是沒用的廢話，而是過程導向共感型的運算的一部分。

在對話壓力的篇章也提過，情緒化地反芻過去的經過，大腦會再次體驗，從中衍生出「深層的察覺」。

遭遇可怕的事時，會以短期間版本，重演好幾次那個事件。亦即，再三反芻「遭遇危險時的狀況」與「發生危險之前的經過」。**這麼做，若是有任何察覺，就能把那個察覺當成「可以瞬間使用的智慧」儲存起來。**幾乎是在無意識中完成。

就像這樣，會瞬間使用過程導向共感型迴路的人，在第一次的「負面體驗」，會拉長動搖的時間。

從鄉下來到都市，穿著不習慣的皮鞋上班，被都會的尖峰擁擠人潮推著走，差點從樓梯摔下去的年輕女性，會害怕一陣子。但是，隔天開始絕對不會遭遇同樣的狀況。因為會在走出剪票口時，無意識地改變身體的方向，或是讓步伐大的男性先走。

女人的潛力＝平時的危機迴避力

累積這樣的經驗後，女性就不再動搖了。

年紀增長的女性，沉著的模樣可不一般。因為本人的大腦知道，自己有壓倒性的高度危機迴避能力。老舖旅館或高級飯店不能缺少女老闆，護理師的男女比率壓倒性地傾向女性，一定都是因為這個能力。

年輕時屢屢失敗、動搖的大腦，老後的危機迴避能力越高。女性不會以害怕失敗、動搖的自己為恥。因為有這樣的「動搖」，才能守護家人、部下，創造出重要的危機迴避能力。當然，容易動搖的男生，也能套用同樣的說法。

我在自衛隊報紙《朝雲》的專欄，寫過這麼一篇文章。

「年輕女性有把心的動搖拉長的傾向，然而，身為站在支援國防、災害第一線的女性自衛官，她們卻能自我克制，把那種傾向當成助力。即使純真的感情有時會在內心拖延很長的時間，她們也不以為恥，因為在這段時間內，會提升危機迴避能力，不久後就會成為保護同伴和國家的基礎力。」

之後，我收到來自男性自衛官的鄭重來信。信上說，關於女性的高度迴避危險能力，自衛隊早已清楚知道。

信上說，在平時的危機迴避能力上，已經證實有女性的團隊，能取得壓倒性的成績（評分）。現在（二〇一九年六月），保衛釣魚台群島的團隊的最高長官，就是女性自衛官。

目前暫停運轉的東京電力的核電廠，以前也是積極採用女性當操作人員。從經驗得知，女性的直覺會作用在跟男性不同的地方，這點備受期待。

在緊臨危險、必須把人為疏失無限降到零的領域，女性的危機迴避能力是大家共同的期待。

理想的感性比率因組織而異

男性中也有過程導向共感型的使用者，也有在動搖中提升危機迴避能力的類型。我雖然說，全都是男性的團隊，迴避危機的能力比較低，但絕不是說男性護理師不行。

重點是，**把終點導向解決問題型與過程導向共感型組合起來，更能保護**

生命和國家。

全部是男性或全部是女性，都可以創造出感性傾向混合的團隊。嚴格來說，以戶籍上的性別為依據的男女比率，並不等於感性比率（終點導向：過程導向）。

而理想的感性比率，會因團隊的使命不同而大大不同。以解決問題為宗旨的公司的董事會，必須把比重放在終點導向解決問題型上，以「關注患者」為使命的護理師，必須把比重放在過程導向共感型上。

就此意義來說，無視每個大腦各自的感性傾向，不管組織的使命，只以女性人數要占百分之幾為目標，是有待商榷的做法。

作為消除女性歧視的促進女性活躍政策，是很好的宣傳。然而，人才的調配若不依據團隊的使命，考量適當的感性均衡，會產生壓力。最後，因此產生的不良影響，都會落在被調配進來的女性身上。

女性本身不會積極爭取管理職的晉升，是女性管理職沒有增加的理由之一。為了湊數被迫晉升，不得不使用與自己的大腦不同的大腦使用方式，會產生很大的壓力，還會被中傷說「女人終究是女人」。誰會想走上這條路呢？

我希望，了解每個大腦的感性傾向、謀求團隊的感性適當均衡、同時提升個人的活躍容易度與組織力等溝通科學（人際關係科學），可以成為多樣性的時代的「人事常識」。

這樣才能形成女性（正確來說是少數派）可以舒展活躍的社會。

沒受夠教訓的大腦會提升危機對應力

動搖的大腦會提升危機迴避力，但是，沒有受過教訓的大腦，會提升危機對應力。從「獵人的大腦」進化而來的男性腦，不可能拉長動搖的時間。差點掉進谷底的動搖，只要拉長十五分鐘，就無法處理下一個危機。

因此，會比一般女性腦更快擺脫動搖。也就是說，不能充分提升危機迴避能力。

這樣的男性腦，在女性眼中，是「沒受夠教訓，不斷重演失敗，但每次安身立命的方式都會越來越優秀的一群人」。當然是這樣，如果每次都在大腦裡更新成「不要再次踏入同樣危險的地方」，久而久之就沒辦法外出打獵了。

容易動搖的大腦，會儲存「平時的危機迴避力」；受不夠教訓的大腦，會提升「遇事時的危機對應力」。這兩者必須兼容並蓄，才能保護重要的人事物。

大腦沒有淨是缺點的機能。

若認定「女人都很情緒化，總是嘮嘮叨叨地說些廢話」，就無法獲得「平時的危機迴避力」。若不能忍受「受不夠教訓，不斷重演相同的事」，就無法獲得「遇事時的危機對應力」。

培育人的覺悟

想讓某人的能力成長，要一併認同「用來培養那個能力的感性」。

在很多時候，「用來培養能力的感性」看似缺點，例如，動搖、受不夠教訓、膽怯、拖拖拉拉等等。

大腦沒有淨是缺點的機能。沒有缺點，就沒有成長的能力。

真正的男女平等社會，不只要認同對方的能力，還要認同支撐著這個能力的「看似缺點的感性」，否則無法達成。

想培育人，以創造出最完美的組織，必須有所覺悟。我認為，沒有那樣的覺悟也不可能做到真正的多元共融。

總結

- 大腦沒有淨是缺點的機能。
- 「心的動搖」能提升危機迴避能力。
- 「受不夠教訓的重演」能提升危機對應力。
- 想讓某人的能力成長，要一併認同「用來培養那個能力的感性」＝看似缺點的行為。

4-4 看事情的觀點不同所產生的壓力

「老公老是在我很忙的時候叫住我，說找不到這個、找不到那個」、「開車時讓老婆幫忙導航都會一肚子氣」——大家有沒有這樣的經驗？

其實，這是瞬間看事情的觀點不同，所產生的男女之間的壓力。

半徑三公尺之內與之外

大腦覺得不安時，男性會掌握整體空間，快速察覺會動的東西、危險的東西。女性會把所有注意力集中在眼前重要的存在上。

因為在狩獵中進化的男性們，對「遠處」的「會動的東西」若敏感度不夠，就無法存活下來。負責養育兒女的女性方，會仔細觀察自己與孩子的周邊，有連微乎其微的變化都不會放過的能力。因為人類的嬰兒沒有毛皮覆蓋，出生後一年內也不會走路，是所有哺乳類中最脆弱的存在。所以，女性會「仔細地」察看「附近」。

男女的視覺守備範圍的界線，大約三公尺。男性負責界線外側，女性負責界線內側。

男女站立的位置會製造無謂的壓力

男女去餐廳用餐時，若是被帶到靠牆的位子，最好依照歐洲禮儀，**讓男性坐通道邊的位子，讓女性坐牆邊的位子。**但是，理由並非女士優先。

而是男性傾向於在無意識中，把視線飄向半徑三公尺外，追逐會動的東西。店內工作人員的動態、對面客人喝一杯酒的動作等等，都會一一吸引他的目光。把注意力都集中在眼前的心愛的人身上的女性，會覺得對方「沒有專心吃飯」、「沒有專心看著自己」，因此感到不安。兩人好不容易約會，這樣太可惜了。

陳列室的設計也要多加留意。

讓男性解說人員站在可以看到整間店內的位置接待客人，他的視線會被其他客人的動態吸引，女性客人可能會覺得他沒有專心接待自己，或是不夠穩重。

不知道視線的移動方式不同，就會覺得男性「偷瞄遠方」，是注意力不集中。

也就是說，當女性要對男性說明什麼時，最好留意站立位置（坐的位置）。

讓男性站在「可以看見其他人動態」的地方，會覺得他的注意力不集中，因此感到焦躁，有時會不禁想向他確認：「你在聽我說話嗎？」但是，這樣就冤枉他了。

有高度察知危險能力的男性腦，視線無法停止移動。讓這樣的男性們站在「可以看見其他人動態」的地方，就不要期待他會把注意力集中在什麼東西上。

男性腦的三次元點型感知

半徑三公尺外、有時遠到好幾公尺外，都是男性的守備範圍。要瞬間顧及那麼廣的範圍，當然不能「仔細看」。只能稍微瞄過縱深的好幾個點，掌握整體空間，抓住距離感。

在看結構體時，男性會先瞄一眼角度或輪廓，弄清楚結構，之後再玩味質地（面的質感）。

不是看全部，而是概略地看。因為是概略地看，所以能瞬間測出距離感，善於看透東西的結構。

然而，問：「老公，那裡不是有個罐子嗎？」或是：「那時候那個人提著這樣的包包吧？」得到的答案經常是「不知道」、「沒看到」。女性會覺得「好冷漠」、「不知道怎麼說下去」，很想責備他說：「你就不能說得溫柔一點嗎？」但是，他是真的沒看見，無從說起。

概略地看縱深的每一個點、掌握整體空間測出距離感、看透東西結構的事物觀點，就稱為三次元點型感知。

我兒子總是「找不到眼前的東西」，讓人很傻眼。但是，他是個抓住道路距離感的高手。

我在副駕駛座邊看估狗導航，邊徬徨地對他說：「上面顯示前面四百五十公尺處右轉，是哪個紅綠燈呢？」他毅然決然地說：「更前面那個。」

說得太斬釘截鐵，所以，我為了測試，叫他說出到紅綠燈的距離，結果他說的「兩百……一百」，竟然跟導航的指示一模一樣（！）。

這個能力超方便，所以，即使他找不到眼前的醬油，我和媳婦都不會介意。東西明明就在眼前卻找不到，急得驚慌失措像隻大熊的他，似乎反而會刺激媳婦的愛情感應器，說不定還會想抱住他說「好可愛」。

女性腦的二次元面型感知

女性會面面俱到，把可見物的表面看得鉅細靡遺。守備範圍雖小，卻幾乎不會錯過任何東西。這就是女性的二次元面型感知。

在旅行途中，女性跟女性朋友會熱絡地討論：「收銀台旁邊不是有個紅色罐頭嗎？」「有、有，那是巧克力布朗尼呢。」「真該買的。」「那麼，回去買吧。」之類的話題。

但是，換成是跟老公，就會變成：「收銀台旁邊不是有個紅色罐頭嗎？」「不知道。」「我對那個有點好奇……」「那是什麼呢？」「不知道。」「……」老婆們會因此覺得跟老公旅行很無趣，但老公也會覺得這個對話莫名其妙。

在對話出現分歧之前，「看到的東西」就已經出現分歧了。

男女是有效率到極致的配對裝置

妳是否曾經教老公路該怎麼走，指給他看說：「老公，你看那個藍色招牌。」他卻說：「在哪？」令妳困惑不已？

以五十~六十的射程距離來說，男女瞬間看到的地方，會有好幾公尺的差距。男性看的是遠處，女性看的是近處。而且，男性在最初看到的地方沒找到目標，會立刻把視線移向更遠的地方。女性正好相反，視線會在近處移動。也就是說，男女的視線絕對不會有交錯。

或許男女不適合憑感覺教彼此路該怎麼走。

反之，我認為是有效率到極致的「配對裝置」。彼此的守備範圍分得一清二楚，沒有浪費的地方。

在打開冰箱門的瞬間，男女視線的移動方式也不同。

男性腦會以深處為中心，概略掃過一遍，試圖找到危險物品。女性腦會鉅細靡遺地看著可見物的表面，不會錯過目標物。

當然，「找出目標物的速度與準確度」，是後者優勝。但是，男性會找出「過期的食品」，確保家人的安全。公平來說，兩者都對家人有幫助。不過，看在老婆眼裡，會覺得：「我明明拜託你拿芥末醬，你卻拿過期的海苔瓶來，是在找我碴嗎?!」

男女腦論也能應用在行銷上

女性在近處，男性在遠處——

我曾在某家藥妝店的店長會上，說過這句話。三個月後，收到某店長的報告，說：「我們把女性用商品的促銷展示，從收銀台後面的架子移到了收銀台前面。光是這麼做，原本每個月以四十件為基準的銷售額，暴漲到以三百件為基準。」

也有相反的案例。

譬如在美容院，把男性用的商品放在眼前，都很難引起客人的注意，反倒是陳列到架上後，客人就發現了。

商品的陳列方式，以及廣告、海報等促銷工具的擺設方式，也會因男女而有不同訣竅。知道有所不同，就好說了。**女性用商品就請女性工作人員、**

男性用商品就請男性工作人員，各自指出「吸引目光的地方」。

知道男女腦的「瞬間使用方式」的不同，不僅能消除溝通壓力，對行銷也有效。

聯誼時建議重點式化妝

總之，男性就是三次元點型感知，亦即**「以點看世界，了解結構」**的看事情觀點。

其實，看女性時也一樣。只要看到三點魅力重點（例如，眼角可愛地下垂、嘴唇豐滿、頸子漂亮），就會認定是美女。與「化妝化得很漂亮，可惜法令線太深」這種滴水不漏的看事情觀點的女性腦，全然不同。

因此，若是要化妝給男性看，我建議重點式化妝。最好只強調「希望被看見的三點」。如果在看到那三點之前，有太多誘惑視線的其他點，男性就無法清楚感知而留下記憶。在聯誼等場合，妳會變成被說「有那麼一個女孩嗎？」的「被遺忘的女孩」，所以要留意。

三點笑容主義

就以點看世界的意義來說，時間序列的記憶也是這樣。

倘若，出門時老婆忙得心浮氣躁，回到家時老婆又一直罵小孩，老公會以為「老婆一整天都心情不好」，因為他會憑妄想，把點與點之間連起來。於是，一整天都會在自己家庭殺氣騰騰的感覺中工作。

只需三點，就能在老公面前演出「魅力十足的老婆」。**不論多麼心浮氣躁，都以平常心說出「早安」、「小心走路」、「回來了啊」，而且盡可能面帶笑容，光是這樣就夠了。**男性會覺得老婆一整天都很開心，可以安心地工作。

兒子也一樣。母親以穩定的情緒送他出門、以穩定的情緒迎接他回家，他就會相信自己有個「充滿祥和的家庭」，可以專心讀書。

會成為男性大腦的座標原點

我兒子高三時，我為了提升他準備考試的專注力，下定決心每天都以平常心說「小心走路」、「回來了啊」。

這一年，連要出差時，也會先說完「小心走路」，再換衣服出門，然後以可以在說「回來了啊」之前回到家為條件，安排行程。東京是個方便的地方，只要巧妙利用飛機，就可以設定這樣的條件去大部分的主要都市出差。

有一次，他去機車旅行當天，我去了札幌。一如往常，我說「小心走路」送他出門後，才從羽田去了千歲。然後，完成工作，在他回家時待在家裡迎接他說「回來了啊」。

但是，做了一件失策的事。我在千歲機場買了好吃的海鮮丼，沒想太多就發了郵件告訴他。回到家後，被兒子訓了一頓。他說：「我騎機車時，是邊想著在家裡的老媽和喵（我家的愛貓），邊抓距離感。這個老媽突然告訴我，她越過我的頭頂去了北海道，會攪亂我的思緒啊。害我迷了路，狼狽不堪。」

我這才知道不能小覷男生的妄想力，真沒想到他們會把母親當成大腦虛擬空間的座標原點。

有了老婆，男人就會以妻子為原點採取行動。不在家時，也會讓老婆待在「大腦的虛擬空間」。

就為他們這樣的大腦，貫徹三點笑容主義吧？讓置身於他們大腦中的自己，永遠是個「心情好、充滿魅力的老婆」。

至於三點之外的地方，請隨心所欲。

取得男性部下信賴的訣竅

此外，同樣觀點也能應用在職場上。

女性上司以「定點」表現出熱情洋溢的積極模樣，男性部下的大腦就會安定下來。

為了培育男性部下，絕對不能小看企劃的初場會議、定期會議、慶功宴。全都是女性的團隊，可以自然而然地開始工作。PTA的義賣會，都是在聊天中自然開始、自然結束。例如：「去年我是當接待。」「接待的桌子是放在這裡嗎？」「對、對。」「那麼，搬過來吧。」

全都是女性的團隊，在企劃完成當天，完全不會想舉辦慶功宴。因為想去美容院，或是跟很久沒在一起吃飯的孩子吃頓晚餐。

但是，**對男生來說，點（句點）非常重要**。初場會議時，要帶著熱情的笑容對他們說「加油」。慶功宴時，要帶著笑容與他們乾啤酒杯說「做得很好」。這樣的句點，能建立起「我的上司充滿熱情，還稱讚了我」的信賴。

長期企劃絕不能缺少定期會議（這時也要獻給他們積極的笑容），還要確實回應他們的日報、週報。

乍看會覺得很花時間，但是，知道這樣的「句點」會讓信賴成為磐石，就會更有效率。

不會知道「看就知道」的事

除了看事情的觀點外，男女還有瞬間的不同。

那就是瞬間動作的不同。

鎖骨有①把手伸開滑向兩旁的機能，以及②把手向前後旋轉的機能。女性有優先使用①、男性有優先使用②的傾向。

女性要拿東西時，會立刻把手往旁邊伸出去，以畫圓形般的流暢動作拿起東西。

男性會把手一直線往前伸出去，像抓取般拿起東西。

在餐廳仔細觀察男服務生與女服務生，會發現身體面向桌子的方向不同。男性大多會正對桌子，把手直直朝向杯子伸出去。女性大多會側身站在桌子旁，如畫圓形般把手朝向杯子移動。專業服務生會看時機、看場合，刻意作區分，所以並不是百分百都是這樣，但有這樣的傾向。

瞬間動作不同，就會形成難以認知對方動作的彼此關係。

尤其是女性的動作流暢、安靜，所以男性大多看不到女性做了什麼。因此，不會察覺她希望自己幫什麼忙，並不是不想「察覺、伸手幫忙」，而是看不到那樣的動作。

所以，要記住，你們之間是不會知道「看就知道」的事的彼此關係。

對男性部下而言，要看著動作優雅的女性上司的背影學習，是件困難的事。男女的上司部下關係，還是需要說明。

在煩躁地想「看就知道吧」、「為什麼做不到？」之前，先把話說清楚吧。

此外，女性有時會覺得男性的直線式動作，帶著攻擊性、缺乏體貼，其實是誤解。

這世上有十六種身體

在細節上，硬是要求基本動作不同的對象，有時會得到反效果。

其實，人類的骨骼有四種活動方式，再考量男女間的差異就有八種、考量慣用手的差異就有十六種。

關於動作的類型，在此不做詳細說明，但各自的起身方式、走路方式、坐下方式、工具的使用方式，都有不同的「理論」。**不同類型的上司，把自己的做法強推給部下，不但不會有成果，還可能有傷害部下身體等危險。**

（另外，想知道骨骼的四種活動方式的人，請研究廣戶聰一老師的四種態度理論，他也出版了很多本書。）

有人會瞬間採取與自己不同的行動，其中包括說話、看事情的觀點，以及動作。在動作上，即使是同性別的人，有時行動也會大大不同。那樣的不同，有時會形成意想不到的溝通壓力，致使對方感到絕望或發生危險。

站在指導立場的人，必須徹底了解這件事。

會扭擺與不會扭擺的身體

我熱愛社交舞長達四十二年。

社交舞有基本的十個種類，全都是來自外國的舞蹈。有誕生於歐洲的五種摩登舞（華爾滋、狐步等），有來自古巴和巴西的五種拉丁舞（倫巴、森巴等）。

舞蹈是依據民族的語言和骨骼，如實設計的。我的指導員告訴我：「請仔細觀察設計出這個舞蹈的國家的人民的語言和身體，英國人代代相傳的狐步，舞蹈的舞步與英文的發音結構非常相似。去英國留學，習慣使用英文後，跳起來就容易多了。」

曾經有過說「維也納華爾滋只有德文文化圈的選手才會贏」的時代。因為比一般華爾滋快一倍的維也納華爾滋，完全吻合德文輕快子音的節奏。大學時，聽到德文老師說：「請以三拍的節奏來說德文。」我才知道這個舞蹈界禁忌的來由。

而扭動腰部（看頂尖選手這麼做時，都覺得腰部跟身體快分開了！），跳得很激烈的拉丁舞，會呈現出骨骼的不同。

非洲系、拉丁美洲系的人，相較於盎格爾撒克遜人，骨盤較圓，一直覆蓋到大腿骨。因此，只要把腰部前後左右移動，就能產生絕妙的搖擺和扭動。光走路就是在跳舞了。

日本人即使把腰部前後左右移動，也不會產生扭動或搖擺。要刻意去做才能扭擺。但是，很擅長能劇那樣的表演，例如，上半身動也不動地滑行走路，或是直角轉彎。日文也可以直立不動地說。

身體會扭擺的人，說話時身體也會自然擺動，而且，擁有的語言也是會扭擺的身體較容易發音的發音結構。非洲的語言中，有很多N開頭的單字，例如恩戈羅恩戈羅（Ngorongoro）就是坦桑尼亞的地名。這個日本人很難唸出來的地名，邊扭擺身體邊發音會覺得很舒服。

我把這個差異告訴美國男性，他回答如下（用日文）。

——我們這個世代，從小就被教育絕不能口出種族歧視的字句。但是，有色人種少年難免會想說白人少年的壞話，反之亦然。這時候，有色人種少年會以「那些連扭擺都不會的傢伙」來稱呼白人少年；反之，白人少年會以「搖搖擺擺的傢伙」來稱呼有色人種少年。艾迪．墨非和丹佐．華盛頓等非洲系明星，他們會看場合，巧妙地運用搖擺的肢體語言。跟有色人種說話時會邊搖擺邊說；跟白人說話時就不會那樣做。我覺得他們很懂得如何安撫對方的技巧。

看艾迪．墨非的電影《你整我我整你》（Trading Places，一九八三），可以看到兩種他，一種是邊扭擺身體邊舒服地說話的小人物，一種是身體動也不動地說話的精英。

大多數的日本人，在成長過程中，都很難看到不同民族的身體。往往會覺得邊搖擺邊說話顯得不夠真誠，然而，世界上也有一種感性是「覺得不會扭擺的身體很奇怪，會給人壓迫感」。混合人種的國家的人民，知道這一點，會在溝通時看場合靈活地運用。

世界似乎比我們所深信的複雜一點。只要明白這件事，多多思考「不同的感性」，世界就會離我們更近。然後，一定能輕鬆跨越以為會永遠存在的男女鴻溝。

總結

- 男性腦是三次元點型感知。
- 女性腦是二次元面型感知。
- 「瞬間看到的地方」的差異，也可應用在行銷上。
- 靠三點笑容主義，讓男性腦安定下來。
- 想獲得男性部下的信賴，不可小看定點（初場會議、定期會議、日報週報、慶功宴）。
- 有人會瞬間採取與自己不同的行動，這點要銘記在心。

05

共感障礙——新的溝通壓力火種

最近，已經遠遠凌駕男女關係的溝通壓力，開始在社會各處形成。一九九六年之後的世代，不論男女，有「共感障礙」的年輕人增加了。這群年輕人的鏡像神經元（Mirror neuron）不發達，無法與他人順利產生共鳴。

溝通的另一個要點共鳴動作

語言是溝通的要點，這件事誰也無法否認，但是，很少人意識到還有另一個重大的要點。那就是所謂的身體語言（Body language），包括表情、動作、呼吸方式。

人類會對談話對象的表情、動作，自然地產生共鳴，形成連動：對方滿面笑容，會跟著展現笑容；對方點頭，會跟著點頭回應；對方放輕鬆，會跟著放輕鬆；對方緊張，會跟著緊張。

能正常做到這些的交情，連呼吸方式（吸氣吐氣、停止呼吸）都會連動。所謂「氣息相投」，就是這個意思。

社交舞的舞伴，要調合呼吸，呼吸不合，就無法理解對方的帶舞，無法傳達彼此的意向。但是，舞者並不會刻意努力去「調合呼吸」，因為在組隊前，見到彼此的臉，與對方張開雙臂的動作連動，呼吸自然就會調合。

身體的共鳴是傳達意向的重大要素。

對方是否理解、理解是否充分、是否充滿熱情、是否有困惑、是否有興趣、是否樂在其中等訊息，我們都可以從對方的表情、動作、呼吸方式得知。從那些狀態是與自己一致或有分歧得知。

並不是動作或呼吸有分歧就不行，分歧也是非常重要的傳達手段。

對對方的話產生困惑，共鳴動作自然就會產生分歧。對方知道後，會放慢說話速度，或放寬主張，或詢問意見：「有什麼疑慮嗎？」

問題出在，從一開始就沒有來自「表情、動作、呼吸方式」的共鳴動作。

共鳴動作不成立就無法建立信賴關係

共鳴動作不成立的對話，無法產生信賴關係。

不能形成共鳴動作的人，無法與社會妥協，會活得很辛苦。不能形成共鳴動作的人的周遭人，也會有很大的壓力。

從以前，就有無法與周遭妥協＝無法正常形成共鳴動作的人，但只是少數派。他們大多不擅長與人往來，會選擇以手藝精湛的職人或工程師、創作者嶄露頭角的道路，周遭人也會當成是「個性」，包容他們。

但是，如今，那個人數逐漸變成多數派的世代，正在不斷成長為大人。

在人事部門，說不定不久後會成為比男女間壓力更大的問題。

在這個章節，我想說的是共鳴動作對大腦而言是什麼？若是欠缺，會形成怎麼樣的溝通壓力。

促進溝通力成長的鏡像神經元

我們的大腦具有把眼前的人的表情或動作，如鏡子般複製在自己的神經系上的能力。這是名為鏡像神經元的神經細胞帶來的機能。

對嬰兒揮手，嬰兒就會揮手回應。那並不是**有樣學樣**。如果只是有樣學樣地揮手，掌心會朝向自己，因為對方的掌心是朝向自己。

事實上，鏡像神經元無法正常運作的自閉症孩子，會呈現把手背朝向對方揮手的傾向，稱為「反手再見」。

嬰兒能夠把掌心朝向對方，是把對方的動作完全置換到自己的神經系，證明鏡像神經元能正常運作。

嬰兒會使用這個鏡像神經元，學會說話、學習與人溝通的技巧。會把眼前的人的口腔周邊骨頭、肌肉的動態，如直接複製般連結到發音上，同時，自然地學會「點頭」、「微笑」、「連動」等溝通動作。

嬰兒擁有一生中最強的共鳴力

嬰兒的大腦，鏡像神經元效果是大人的好幾倍，母親露出悲傷的表情，嬰兒就會哭，母親笑，嬰兒就會笑。靈敏度高到會把周遭的物理現象都反應在「嘴巴變化」或「動作」上，例如，「嘴巴跟著聖誕樹上的燈的閃爍開開合合」、「看到大象時，喔地張大嘴巴」。人類的孩子就像這樣，具有「以嘴巴呈現現象」的本能，所以可以學會說話。

附帶一提，蘇格拉底也曾指出，人類是會想用嘴巴模仿的生物。他在《克拉梯樓斯篇——關於命名的正確性》（柏拉圖著）中，留下了如下言論。

——倘若我們是沒有聲音的民族，那麼，我們想對他人傳達「飄浮在空中的東西」時，會不會把手指向天空呢？若是動物，應該會模仿那個動作吧。我們是不是會自然地模仿想表達的現象呢？而且，我們實際上並不想靠身體，而是想靠聲音、舌頭、嘴巴來表達。（摘自《柏拉圖：克拉梯樓斯篇》）

共鳴力會逐漸下降、適當化

然而，嬰兒若是對周遭現象一一產生共鳴，會擴大行動範圍，活得很辛苦。因此，大腦的共鳴力在出生的瞬間是最高點，開始走路後會逐漸下降，過兩歲半就大幅下降了。

共鳴力的低下，也是把「周圍現象」與「自己」作切割，亦即自我的覺醒。嬰兒從某個時期開始，會不斷重複「把玩具丟出去，讓父母拿回來，再丟出去」、「推倒牛奶杯子」、「一直抽面紙」等實驗（探索地球是怎麼樣的星球的大實驗），是覺得「自己做的事」會對「周遭產生影響」這件事很好玩。

父母親叫著「好調皮」大感吃不消的這些**「地球實驗」**開始時，可以視為鏡像神經元效果已經比嬰兒時期降低許多了。對母親而言，這是曾經像自己身體一部分的嬰兒，開始主張想做的事，個性逐漸明顯，成為一個個人的瞬間。因為過了可以哄騙的時期，變得很難應付，稱之為反抗期，但我不喜歡這樣稱呼，都稱之為「地球實驗期」。

三歲前會決定溝通能力

大腦的共鳴力，會降低變得穩定。亦即，會弱化多餘的鏡像神經元，只留下重要的鏡像神經元。從語言能力的發達狀態來看，應該是發生在三歲之前。

因為大約兩歲半前的小孩，只要聽到以某種語言為母語的人，在眼前發出各種語言的母音，就能照著發音。兩歲半以後，會發出特化為母語的發音。當「瞬間使用的母音」確定時，腦內會開始將語言記號化，讓思考跟語言重疊。語言會從「模仿」，變成「思考與溝通的工具」。

既然三歲是鏡像神經元適當化的臨界期，就必須在那之前確定該留下的鏡像神經元。**也就是說，必須累積與周遭大人相互共鳴的經驗，讓身體記住語言與溝通的基本動作。**

對著孩子笑、跟孩子說話、哄孩子、跟孩子玩玩具、玩捉迷藏、唸繪本給孩子聽等，從以前父母和託兒所老師都會做的這些行為，會讓孩子的大腦知道什麼是「為了人與人之間的接觸應該留下來的共鳴動作」。

三歲看老

題外話，這本書的讀者應該也有很多是有工作的母親，所以，來聊聊「三歲兒神話」。

「思考與溝通」的基礎，會在三歲前形成，所以從以前就有「三歲看老」的說法。二十一世紀的科學，也證明了這個事實。

然而，**我並不贊成「母親在孩子三歲之前必須待在家裡」的「三歲兒神話」**。

我是男女雇用機會平等法「前夕」的世代。在實施平等法之前就業，又在社會男女共同參與策劃的基礎設施就快完成的緊要關頭，成了有工作的母親。

我生下孩子的一九九一年，才終於訂定了一年的育兒假制度。但是，幾乎沒有人請一整年的假。我在生下兒子的四個月後回到職場，就已經有很多前輩（生產後只能休八週）羨慕我了。

在這個時代，有工作的母親深受三歲神話所苦。「真受不了，母親應該待在家裡啊」這種話就不用說了，有時還會被當面說：「丟下吃奶的孩子去工作，妳的孩子一定會變成罪犯。」

年輕母親們早上要狠心丟下哭泣的孩子，自己也哭著去上班，還要因為脹奶在公司廁所偷偷擠奶，怎麼忍心對這樣的她們說那種話呢。

我曾想過，等我再年長一點，或許會理解那種話，然而，現在已經六十多歲了，還是覺得那種話既殘酷又無情。

因為把想工作的母親關在家裡，導致那個母親心情鬱悶，那麼陪在孩子身旁也沒有意義。

真正的三歲兒神話

三歲之前，最重要的是獲得共鳴動作，母親以豐富的表情和動作與孩子接觸非常重要。與其整天在家，心情低落，以貧乏的表情和語言與孩子接觸，還不如整天發揮社會所需的才能，帶著愉悅的心情回到家，度過充實的母子時間，更能帶給孩子壓倒性的資訊量。母親不在家時，孩子也能從托兒所的老師或孩子們，獲得豐富的共鳴動作的機會。

我與兒子在一起的時間不多，但是，都過得非常充實。餵奶時，我的意識瞬間都不會離開他。餵他吃副食品時，也會想「合不合他的口味呢？」，如情人般與他相處。

而且，餵奶時，他的嘴角肌肉會向三次元方向無拘無束地活動，是學會語言的機會，所以我會花心思說出「美麗的日文音韻」。小學音樂課唱的歌，讓我體驗過日文的各種音韻系列。

結果，兒子很早就會說話了，早到令我驚訝。如今，他長大了、有老婆了，成了一個連做這方面研究的母親也嘖嘖稱奇的溝通高手。目前，完全看不出有成為罪犯的可能性。

我寧可相信，現在有工作的年輕母親沒有遭遇到這種事，但是，她們的婆婆畢竟還是我這個世代的人，如果是自己曾經為了養育兒女而放棄工作的母親或婆婆，大有可能說出三歲兒神話這種話。

如果被說了三歲兒神話那種話，大可挺起胸膛說，**真正的三歲兒神話是「孩子三歲前，母親心情愉悅是最重要的事」**。當然，覺得待在家裡陪伴嬰兒很幸福的人，可以毫不猶豫地那麼做。若是有社會所需的才能，覺得發揮那個才能比較有充實感，就那麼做。偶爾想玩玩，也可以去玩。

邊玩手機邊餵奶要有限度

唯獨有件事，我想警告年輕的母親們。

不要邊玩手機邊餵奶。

對三歲前的大腦來說，把臉撇開的母親會比表情貧乏的母親更糟糕。

母親沉迷於手機，把臉撇到一邊，嬰兒也會望向其他地方。**看不到母親的表情，也聽不到母親說話的嬰兒，會失去「獲得該留下的共鳴機能」的機會。**

雖說餵奶時不是唯一的機會，但絕對是最好的機會。我不至於連「玩一下下」都要干涉，但是，如果認為「餵奶時孩子會乖乖不動，是可以專心玩手機的時間」，那麼，最好重新思考。

喝母奶或奶瓶裡的牛奶時，嬰兒會輕微使用到口腔周邊的肌肉。這時候，母親（正確來說是餵奶的人）對嬰兒說話，或是對嬰兒微笑，嬰兒都比較容易傳達到自己的神經系。

此外，把臉、把意識朝向嬰兒餵奶，母親自己也可以促進製造愛戀的催產素荷爾蒙的分泌。

對人類來說，把臉朝向嬰兒這件事，比想像中重要許多。

有位助產士說：「三十年前，我剛開助產院的時候，從來沒有看過母子不對看的哺乳。現在，為了母奶出不來、孩子不乖乖吃奶等問題來找我商量的案例中，有很多嬰兒都是看著其他地方。那種畫面好淒涼、好悲哀。」

聽說小兒牙科也有製作邊玩手機邊餵奶的警告海報。因為「看著其他地方餵奶」，小孩不能直直吸到乳頭，所以，牙齒的排列和下巴的成長會出問題。

現代社會需要的，或許不是陳腐的三歲兒神話，而是喚起對「邊玩手機邊餵奶」的注意。

養育兒女不需要後悔

不過，讀者中若有人是這樣把孩子帶大，也不必後悔。

我認為養育兒女不需要後悔。

「共鳴微弱的人類」，說不定可以彼此交換共鳴之外的其他訊息。他們現在還是少數派，所以不容易生存，但等到比率增加之後，就會比較容易生存了。

說不定，不久後會形成需要那種人的地球環境，我相信人類大腦的潛在能力。**人類會自然為之的事情，一定有什麼意義。**

共鳴動作微弱的世代

一九九六年流行電子雞，隔年就開始手機郵件服務了。似乎是從那時候起，人類邁向了「不對看哺乳」之路。

據說，進入二〇〇〇年代，「一年級學生不會舉手」這件事，在小學成了話題。說到一年級的學生，以前理所當然的反應是——「所有一年級學生。」「有——！」「所有鬱金香班的學生。」「有！有！有！」

另外，記不住收音機體操也成了話題，還有學校把「記住收音機體操」當成課後作業。學收音機體操向來不是用記的，而是用模仿的。看著眼前老師的示範，自然而然就會做，才叫做收音機體操。

兩種狀況都顯示集團整體的共鳴動作微弱。

然後，「沒有共鳴的年輕人」終於踏入了社會。這一、兩年，許多企業和公家機關的人事負責人，都嘆著氣說：「教育新人好辛苦。」新人們都沒反應，像是看沒什麼興趣的電視節目般坐在那裡。要面對幾十個沒反應的人教些什麼，真的很費力。

仔細觀察每一個人，會發現有共鳴能力的人超過半數。但是，**無反應的人超過三成，集團的共鳴動作就會明顯下降**。因為周遭存在無反應的人，有反應的人就會有所顧忌。

你在聽我說嗎？你有心要做嗎？

聽人說話不會產生共鳴（沒點頭、表情沒變化、沒調合呼吸），按理說，應該是「無法認同時」的態度。

如果部下是這種態度，上司通常會問：「你在聽我說嗎？」、「你有什麼話要說嗎？」

若當事人是刻意擺出那種態度，應該猜得到為什麼會被說那種話，所以知道該怎麼反應。例如，道歉、或藉此機會表示不滿……

但是，沒有那種意思，卻被說那種話，當事人只會茫然若失，不知道為什麼被找碴，百思不解。

因為沒反應，所以逼問：「你在聽嗎？」卻還是被當成耳邊風得不到任何反應的上司，會再逼問：「你有心要做嗎？」

被這麼說的人，還是一頭霧水，心想就是有心要做，才會來公司這樣聽上司說話，為什麼會被問這樣的話呢……完全不知道該怎麼回答才好。

然後開始懷疑，上司會問這種無從回答的蠢問題，究竟是笨蛋？還是權力騷擾？

認定是權力騷擾

不會產生共鳴的人，存在感薄弱，所以幾乎不會被徵詢意見。自己兩旁的新人都被問：「〇〇，你覺得怎麼樣？」「要不要一起吃午餐？」唯獨自己被忽視。

而且，不會產生共鳴的人，無法把「他人的動態」複製到大腦裡，所以反應遲鈍。幾乎不可能在會議後，發現「前輩在收拾茶杯」，而趕緊站起來說「我來收」。前輩的動作雖然會映在視網膜上，但這樣的人只會呆呆看著，像在看車窗外的風景。

當然，這樣可能會被問說：「你為什麼不做？」但是，這樣的人只會覺得，這種問題實在被問得有點莫名其妙，然後也反問說：「有人叫我做嗎？」

如果有部下常說「沒人叫我做」、「誰也沒告訴我」，那麼，要知道他是個共鳴力微弱，有共感障礙的年輕人。

對這樣的他們和她們來說，每天都會被找碴、被忽視。還有認定自己是被權力騷擾，真的有去人事部申告的案例。

如果部下有共感障礙

今後，最好把：「你在聽我說嗎？」「你有心要做嗎？」「為什麼不做（做不到）？」當成學校或職場的禁語。

對無心去做或抗拒的孩子，那些話是有意義，但是，對無法產生共鳴的孩子來說，那些話只是在找碴。不但說了沒意義，還會被當成愚蠢的上司或權力騷擾。

反應遲鈍的孩子，認知力也遲鈍。聽到十，才好不容易知道一。對他們不能有「當然做得到吧」的期待，必須說好幾次，說到他們完全理解。但是，一旦理解了，就能做得很好。

如果自覺可能有共感障礙

如果被罵：「為什麼不做（做不到）？」不妨道歉說：**「對不起，沒注意到。」**

因為「為什麼不做」，意味著「反應遲鈍，沒人說也應該要做」。

然後，率直地問**「該怎麼做」**，今後多多留意吧。

學習溝通的時代來臨了

社會越來越多樣化，環境、成長方式、生活習慣不同的人都混在了一起，就不能再期待彼此間一定要產生的默契了。「你在聽我說嗎？」「你有心要做嗎？」「為什麼不做？（為什麼做不到？）」應該會成為沒人用的死語。

共鳴動作微弱，目前是被當成「共感障礙」，但是，不久後，說不定會被當成一種個性，成為理所當然，不再產生壓力。

但是，社會越來越多樣化後，語言溝通就不能只使用母語了。當很難再把「心情」注入語言的「字裡行間」時，表情、動作、呼吸的共鳴，就更會成為重要的溝通因素。

有共感障礙，卻毫無所知地活著，在現今社會十分不利。同樣，在不知道有人有共感障礙的狀態下坐上高位，也十分危險。

我深切感受到，溝通已然進入了學習的時代。

溝通科學之門

我自己為了開發人工智能，開啟了溝通科學（Human Communication Science）之門。後來，覺得溝通的結構對活生生的人類也有用，認為應該回饋人類，所以開始寫這本書。

在男女與多種民族混合工作、母子也不再對看哺乳的二十一世紀，我完全不想多談其中的好與壞，只是認為適合這個時代的智慧是必要的。溝通科學（Human Communication Science）之門，才剛剛開啟。

上週有位熟年紳士鼓勵我說：「女人不是生來就是女人，而是被當成女人教養才會成為女人，原本是跟男人一樣。」這句話應該是引用法國女性作家兼哲學家西蒙・波娃在一九四九的著作《第二性》中提到的名言——「女人非天生而成，而是後天造就。」他會那麼說，是因為前面提到「我是女性的理解者」，他還說：「我知道女性原本擁有跟男人一樣優秀的大腦喔。」

他不知道女性的感性，具有跟男性不同的優秀。但是，不能責怪男性。女性當中，也有很多人會憤慨地說：「竟然說我是女性腦。」

不知為何，全世界都認為大腦的感性特性的正確答案只有一個。恐怕是以「在有教養的家庭成長的高學歷白人男性」為範本，那之外都被視為「有缺陷」。尤其是對女性感性的藐視，依然是二〇二〇年的現況。

波娃是活在「女性＝男人附屬品」的時代。在那個世代，為了表示「我們不是生來就是男人的附屬品」，她必須高聲呼籲男女都是一樣的。

然而，現在已經是女性可以歌頌身為女性、男性可以歌頌身為男性、同志可以歌頌身為同志的美好時代了，不是嗎？

現在，應該可以平靜地談論「正因為各自不同才更美好」。

在大腦的構造上，男女並沒有差異，不同的是選擇「瞬間使用」機能的初期設定。這樣的不同，是人類生存下來的基本關鍵。我在三十年前發現這件事，就把打造能彼此敬愛「大腦感性特性的不同」的社會，當成了我的目標。

我單獨一個人，推開了好大、好大的門。

三十年後的現在，實際情況是門才推開了一點點，就被「說什麼男女不同，既非科學又反社會」的強風推回去了。

任何人都有順著大腦感性得到幸福的權利，沒有誰對誰錯。但是，要讓感性不同的夥伴們都得到幸福，需要智慧。

我非常希望，這本書能成為溝通科學之門的「門擋」，讓溫柔的、相互理解的風，拂過多數二十一世紀的人類。

總結

- 共鳴動作（表情、動作、呼吸方式的連動）是溝通的要點。
- 共鳴動作微弱的年輕人越來越多。
- 共鳴動作微弱，會被當成沒在聽對方說話、會被忽視。
- 應該把：「你在聽我說嗎？」「你有心要做嗎？」「為什麼不做？」當成禁語。
- 如果被責問：「為什麼不做？」就道歉說：「對不起，沒注意到。」
- 讓我們開啟溝通科學之門。

結語

二十一世紀人類必修科目

要學習才能懂得如何溝通。

為什麼這麼重要的事，至今都沒有編入義務教育的課本裡呢？我們幾萬年來都不相同，近千年來還清楚地一分為二（看《源式物語》就明白了），為什麼都沒看到把男女關係正式科學化的動向呢？

或許是因為幾萬年來都可以維持那樣——直到一九八五年。

在男女雇用平等法制定之前，無論在職場或家庭，男女的棲地分離（Habitat Segregation）都很清楚。男女間的自由意志溝通，幾乎僅限於戀愛。現在的年輕人或許不會相信，在一九八〇年代之前，沒有人相信「男女之間的友情」。結婚後，丈夫與妻子都有特定的職責、特定的說話方式。

現在，男女混在一起，工作、家事都是像拼圖一樣彼此分工合作。當成夥伴攜手合作的例子也不少。正因為現在是這樣，所以，不知道溝通的基本，會更危險。

當然，大腦不是日本製的工業產品，所以會有個人差異。難免也會有壓力模式與一般男女完全相反的情侶。覺得「自己似乎不是典型的女性腦（男性腦）」的人，必須找出屬於自己的答案。

不過，這種狀況也一定能找到啟示。

有不少女性工作者說：「本以為自己是男性腦型，但研究這個理論後，發現面臨突發的重大事件時還是會啟動女性腦。」當然，這就是二十一世紀初的職業婦女最正確的大腦使用方式。

確立於二十世紀的產業構造，是以發現問題點、快速解決問題為主軸。在主篇章已經詳述，這是男性腦擅長的大腦使用方式。即便是女性，如果加入了產業構造的行列，就必須是男性腦才能生存。

但是，在突破現狀上，有時需要多樣的事物觀點，或是新方案的發想。這時候，要輕柔地啟動女性腦。這樣的女性們，從千禧年的二〇〇〇年一直活躍到了二十一世紀初。

如今，時代將再往前跨進一步。在ＡＩ時代，ＡＩ會幫我們發現問題點、解決問題。人類的工作會轉向多樣性及新方案的發現。如此一來，女性應該可以更解放女性腦。男性們最好也能巧妙利用同事的女性腦，提升組織整體的多樣性。

不過，男性們也不必沮喪。產業社會是從極度偏向男性腦的地方開始的，雖然現在因為時代的多樣性需求，女性腦有被捧上天的傾向，但是，這個世界仍缺少不了男性腦的創造性。我要請男性讀者們記住，男性腦的力量還是承擔著多樣性的一部分。時代並非站在女性這一方，現在是「回擺」期間。

反之，女性們要明白，既然自己坦然使用了女性腦，那麼，男性們也可以坦然使用男性腦。

男女之間無法將壓力完全降到零。所以請多動動腦，只要做到壓力平衡（彼此分擔壓力），彼此之間的總壓力數就會降到最低。

懂得退讓的人，才會有最大的收穫，這種類似很久很久以前的傳聞或科幻故事中的「金錢」與「幸福」的法則，在這裡也看得到。

唯有知道壓力平衡法則的人，才能如願度過一生。

在男女混在一起生活的二十一世紀，如果沒有這種睿智，人類如何能夠幸福地活著呢？

雖是私事，但我想借這個地方，宣布新研究領域的誕生。

這個溝通論，是始於人工智能研究的一環。

我為了把人類的感性（「瞬間言行」、「瞬間的愉快與不愉快」的構造）教給人工智能，以系統論鑽研人類大腦至今。把人類的大腦視為裝置，搭配這個裝置進化至今的過程，分析「為什麼人類（男、女）會那麼做？那麼做愉快（不愉快）嗎？」。

與腦生理學或心理學的探討不一樣，目的不在於「弄清楚界線」或「障礙治療」。而是把「多數男性（女性）瞬間會做的事、會有感覺的事」，積極地類型化（Typification）。

我在三十年前，自己一個人開始了這項研究，因為當時我周遭的人工智能研究者，都是沿襲腦生理學及心理學的探討。

這個與腦生理學全然不同，「積極地、激烈地將腦神經迴路構造類型化的系統論」，我取名為「腦科學（Brain Science）」。

然而，隨著這個名詞一般化後，不知道為什麼腦生理學的學者們，都開始使用這個名詞，腦科學被視為腦生理學的一環，只有醫學專家才能說。我有種名詞被獵走的感覺，但說出來也於事無補。如果一般人都覺得，「腦科學」應該由醫生來說，那麼，這個名詞就是醫生的。

結果，我的研究領域變成了「無名」。

如今，適逢此書出版之際，為了想藉由這本教科書，把感性溝通論拓展到全世界的人（我相信一定有這樣的人），我強烈覺得有責任賦予我的研究領域一個名稱。

因此，我為我的研究領域取了一個新的名字，那就是**大腦模控（Brain Cybernetics）**。

模控（Cybernetics）是網絡（Cyber）的語源，是呈現統一生物學與工學的概念的單字。是一九四八年，美國資訊理論權威魏納（Norbert Wiener）所創，概念是藉由研究生物構造與機械控制構造的類似性，為彼此的研究領域帶來好處。

我以AI工學觀點研究大腦，闡明了溝通的結構。判定大部分屬於模控（Cybernetics）的範圍，所以想到了這個名稱。

製造精通人類感性的AI，是這個目的之一，把這個理論回饋給人類，貢獻於社會，也是這個研究領域的重大目的之一。

今後，我的專業領域不是腦科學，而是大腦模控（Brain Cybernetics）。有時候可能會使用大腦網絡（Brain Cyber）這個詞，哪天看到這個詞時，請務必想起這本書。

因為，「大腦模控（Brain Cybernetics）」這個詞，是現在隨同這本書的出版一起呱呱落地的。

由衷感謝ＰＨＰ研究所的西村健先生，一直守護著這一本充滿熱情的書，並給予最充分的理解。

最後再說一句話。

有小孩的夫妻若是溝通良好，是不是就能緩解少子化的狀態呢？雙薪夫妻中，有很多女性會說：「老公很差勁，我絕對不要『再生一個』，儘管公司的制度非常優渥。」

然而，那句「老公很差勁」也是誤解。

我真心相信，溝通科學可以拯救人類。

我非常期待，這本書可以貼近時代，成為全世界男女之間的橋梁，對人類的新制度會有一點幫助。

不過，無論如何，最期待的還是對閱讀這本書的讀者會有一點幫助。若能稍微減輕讀者的壓力，我就滿足了。

黑川伊保子

二〇二〇年三月寫於春天來臨之日

國家圖書館出版品預行編目資料

男女溝通使用說明書：腦科學專家教你這樣說話，溝通零壓力 / 黑川伊保子著；涂愫芸譯 -- 初版. -- 臺北市：平安文化, 2021.11　面；公分. -- (平安叢書；第698種)(兩性之間；44)
譯自：コミュニケーション・ストレス 男女のミゾを科学する
ISBN 978-986-5596-46-0 (平裝)

1.兩性溝通 2.兩性關係

544.7　　110016238

平安叢書第0698種
兩性之間44

男女溝通使用說明書

腦科學專家教你這樣說話，溝通零壓力

コミュニケーション・ストレス
男女のミゾを科学する

作　　者—黑川伊保子
譯　　者—涂愫芸
發 行 人—平雲
出版發行—平安文化有限公司
台北市敦化北路120巷50號
電話◎02-27168888
郵撥帳號◎18420815號
皇冠出版社(香港)有限公司
香港銅鑼灣道180號百樂商業中心
19字樓1903室
電話◎2529-1778　傳真◎2527-0904
總 編 輯—許婷婷
責任編輯—蔡維鋼
美術設計—謝佳穎
著作完成日期—2020年
初版一刷日期—2021年11月

法律顧問—王惠光律師

讀者服務傳真專線◎02-27150507
電腦編號◎380044
ISBN◎978-986-5596-46-0
Printed in Taiwan
本書定價◎新台幣320元/港幣107元